Raimund Allebrand

Tango

Nostalgie und Abschied
Psychologie des Tango Argentino

W0045046

ARTE EDITION

HORLEMANN

Die Deutsche Bibliothek – CIP-Einheitsaufnahme

Allebrand, Raimund:
Tango : Nostalgie und Abschied ; Psychologie des Tango Argentino /
Raimund Allebrand. - Unkel / Rhein ; Bad Honnef : Horlemann, 1998
(Arte-Edition)
ISBN 3-89502-088-5

Bitte fordern Sie unser
aktuelles Gesamtverzeichnis an:
Horlemann Verlag
Postfach 1307
53583 Bad Honnef
Fax. 0 22 24 / 54 29
e-mail: horlemann@aol.com
www.mediacompany.com / horlemann

Gedruckt in Deutschland

1 2 3 4 5 / 01 00 99 98

INHALT

Nostalgie des Abschieds

Tango-Lieder

Anhang

Dicen que el hombre no es hombre
mientras que no oye su nombre
de labios de una mujer.
Puede ser.

A. Machado

Der Mann, heißt es, ist kein Mann
wenn er nicht seinen Namen hört
von den Lippen einer Frau.
Kann sein.

Nostalgie des Abschieds

Zu diesem Buch

Im Februar 1914 sind die ehrwürdigen Hallen des Lateran-Palastes zu Rom Zeugen einer merkwürdigen Begebenheit. Aufgeschreckt durch Schilderungen besorgter Zeitgenossen, will sich der damalige Papst von der angeblichen sittlichen Gefährdung durch einen Modetanz persönlich überzeugen. Zu diesem Zweck wohnt Pius X. einer Tango-Darbietung bei, die man eigens für ihn improvisiert hat.

Eine Radierung hält die Szene im Vatikan für das Feuilleton der damaligen Presse fest: Ein Paar in typischer Salon-Aufmachung der Jahrhundertwende wagt einige beiläufige Tanzschritte vor dem Heiligen Vater. Die Reaktion des Papstes ist bei dieser Gelegenheit eher gelangweilt. Dennoch wird der in Europa gerade en vogue befindliche Gesellschaftstanz in kirchlichen Verlautbarungen jener Jahre als unsittlich disqualifiziert und soll aus dem Leben der katholischen Gläubigen verschwinden. Mit dieser Einschätzung ist der Papst in bester – nämlich kaiserlicher – Gesellschaft, denn auch dem protestantischen Herrscher Wilhelm II. sträuben sich beim Thema Tango die Nackenhaare: Bereits im Jahr 1913 verbietet er seinen Offizieren das Tango-Tanzen in Uniform.

Schwer zu sagen, ob diese Verfemung den bald darauf einsetzenden Siegeszug des Tango quer durch Europa behindert oder eher erleichtert hat. Seit gut einem Jahrhundert jedenfalls bereichert der Tanz aus Buenos Aires fernab aller moralischen Bedenken das choreographische Angebot. Geradezu unaufhaltsam schleicht er sich in die Ohren und Herzen des Publikums und feiert in den Goldenen Zwanzigern weltweite Triumphe, die sich schnell zur Epidemie ausweiten, wenn etwa der selbsternannte Tango-König *Juan Llosas* aus Barcelona auf ungezählten Schellack-Platten seine deutschen Fans zu begeistern weiß.

Was darüber zu kurz kommt, ist der Tango selbst. Europäische Tanzorchester verwässern ihn im Standardrepertoire zu einem dürftigen Aufguß musikalischer Klischees, die sich mit dem Original aus Buenos Aires nur mehr das Genre teilen. Dennoch schafft es selbst die jämmerlichste Reduzierung auf den zugrundeliegenden Vierachteltakt (»Aha – Tango!«) niemals ganz, seine dramatische Wirkung vollends zu zerstören.

Der Tango ist darüber in die Jahre geraten und hat seinen 100. Geburtstag längst hinter sich. Wer nach seiner Geschichte fragt, stößt neben ungesicherten Daten auf die Situation europäischer Einwanderer am anderen Ende der Welt. Was daraus entstand – eine existentielle Erfahrung, die sich niederschlug im einzigartigen Timbre dieser Musik, vor allem aber in den Texten ungezählter Tango-Lieder –, hat seine Faszination bis heute nicht eingebüßt. Daß sich der Tango allerdings trotz jahrzehntelanger Verunstaltung halten und in jüngster Zeit sogar an Terrain gewinnen konnte, grenzt fast an ein Wunder.

Seit Anfang der achtziger Jahre erfährt er gerade in Deutschland eine deutliche Renaissance und wird auch außerhalb der Tanzschulen als eigenständige Gattung von Instrumentalmusik und Chanson zunehmend beachtet; daran entscheidend beteiligt war die seltene musikalische Kreativität eines Astor Piazzolla, der die *Musik aus Buenos Aires* auf internationalem Parkett erneut hoffähig machte. Weshalb der Tango aber über die historischen Bedingungen seiner Entstehung am Unterlauf des Río de la Plata hinaus seinen emotionalen Bedeutungsgehalt bis heute zu wahren vermochte und nach wie vor verfremdet, aber auch verstanden wird, danach fragt dieses Buch.

Deutschsprachige Beiträge zum historischen und sozialen Umfeld des Tango Argentino finden sich seit Ende der siebziger Jahre in überschaubarer Anzahl (vgl. Literaturverzeichnis). Eine umfassende Gesamtdarstellung liegt jedoch bislang nicht vor und ist aufgrund der Verzweigtheit des Genres in einem Band wohl kaum zu leisten; auch der vorliegende Beitrag bietet lediglich einige Facetten des Tango-Mosaiks. Auf das grundlegende Werk von Dieter Reichardt (1981) folgte neben vereinzelten monographischen Arbeiten der seit langem vergriffene Text- und Bild-Band des Berliner Horizonte-Festivals von 1982; in jüngerer Zeit ein aufwendig gestaltetes Tango-Buch der Collection Rolf Heyne (Collier et al. 1995), eine vorzügliche Tango-Ausgabe der schweizerischen Kulturzeitschrift *du* (11/97) sowie die erste Darstellung der deutschen Tango-Renaissance in Wort und Bild (Rappmann/Walter 1997).

Gemeinsam ist diesen und weiteren Beiträgen der Versuch, das Thema aus der beschränkten Perspektive eines in Europa als Standardtanz erfolgreichen lateinamerikanischen Rhythmus zu befreien und den Tango als Musik, Choreographie und Chanson im sozialen Kontext seiner Entstehung bzw. Wiederentdeckung zu begreifen. Dabei erweist es sich als hilfreich, daß sein thematisches Anliegen in einer für Musikfolklore einzigartigen Weise über ein reichhaltiges Repertoire teilweise berühmt gewordener Chansons dokumentiert ist. Daß in Europa vor allem die Tango-Choreographie wahrgenommen wird, ist Ergebnis einer Reduzierung auf die tanzbaren Varianten dieses Genres; in seiner Heimat stand bereits seit den zwanziger Jahren das Chanson im Vordergrund und konnte den Tanz in der Publikumsgunst zeitweise verdrängen.

Die einschlägigen Tango-Lieder sind Legion. Reichardt gibt bereits 1981 allein die Zahl der *bekannteren* Chansons mit über 2000 an, wobei er einräumt, daß es sich nur um eine grobe Schätzung handeln kann. Die *Academia Nacional del Tango* in Buenos Aires geht von ca. 15.000 Tango-Kompositionen aus; rund ein Drittel dieser Anzahl dürften Chansons sein. Einschlägige Anthologien umfassen zwischen 200 und 600 Texte, im Internet sind im Frühjahr 1998 mehr als 1.200 Tango-Texte abrufbar.

Für die folgende Darstellung beschränke ich mich auf die Präsentation weniger Liedtexte, die – vom Verfasser ins Deutsche übertragen – im Verlauf der Darstellung auszugsweise als Belegstellen wiedergegeben sind. Jedes einzelne Zitat ließe sich durch eine Vielzahl ähnlicher Textstellen ergänzen, doch galt es, die Geduld des Lesers nicht übermäßig zu strapazieren. Da die entsprechenden Tango-Zitate aus ihrem Liedzusammenhang gelöst wurden, präsentiert dieser Band eine kleine Auswahl von zwei Dutzend teils in Gesamtlänge, teils auszugsweise spanisch und deutsch wiedergegebener Chansons. Der Autor gewährte sich die Freiheit einer literarischen Übertragung, die in erster Linie dem Wortsinn und streckenweise dem musikalischen Rhythmus gerecht werden will. Die zugrundeliegende Selektion folgt thematischen, daneben auch sprachästhetischen Kriterien. Die Analyse der herausgearbeiteten Sujets beruht mithin nicht auf statistischer Repräsentanz.

Die auf den Seiten dieses Bandes entfaltete Tango-Interpretation setzt sich womöglich dem Vorwurf der Einseitigkeit aus: subjektiv gefärbte Auswahl der vorgestellten Texte und Interpreten. Solchen Einwänden ist nicht leicht zu begegnen. In der Tat wurden einige Sujets, die vor allem in frühen Chansons gewissen Raum beanspruchen – sozialer Protest und Schilderung des Halbwelt-Milieus – im Rahmen dieser Darstellung vernachlässigt (vgl. dazu die Arbeiten von Dieter Reichardt). Inhalte sentimental-pittoresker Färbung, wie sie dem Milonga- und Walzer-Genre eigen sind, traten ebenfalls in den Hintergrund. Nicht zufällig stellen aber zahlreiche weithin bekannte, insofern typische und gewissermaßen zeitlose Tango-Titel, deren Repertoire keineswegs erschöpfend behandelt wird, eine große Bandbreite melancholischer Stimmungen vor, die ausnahmslos die Bezeichnung *nostalgisch* verdienen. Die Traurigkeit des Tango verliert sich nicht orientierungslos in Raum und Zeit; seine Tristesse kommt aus der Sehnsucht nach Vergangenem und deutet als Nostalgie zielsicher auf den Verlust jenes Gestern, das im Heute wiederkehrt und nach Antwort verlangt.

Eine psychoanalytische Tango-Interpretation liegt, soweit mir bekannt, in deutscher Sprache nicht vor; insofern wage ich mich mit diesem Versuch auf Neuland. In seiner argentinischen Heimat finden psychologische Hintergründe des Tango seit geraumer Zeit Beachtung (vgl. spanisches Literaturverzeichnis). Die vorliegende Darstellung versteht sich allerdings nicht als Rezeption entsprechender Publikationen aus Buenos Aires, sondern versucht, den dominierenden emotionalen Gehalt des Tango Argentino und den individualpsychologischen Hintergrund seiner Charaktere aus dem Textmaterial der Chansons zu erschließen. Historische und musiksoziologische Daten sowie Detailinformationen über das farbige und weitverzweigte Tango-Universum werden nur bemüht, sofern sie dieser Absicht entgegenkommen; die namentliche Erwähnung von Textern und Interpreten beschränkt sich auf eine kleine Auswahl und bedeutet keine Abwertung der zahlreichen ungenannten Künstler. Entschieden zu kurz kommen in diesem Buch die Komponisten. Wie sich der emotionale Gehalt des Tango in Melodik, Harmonie und Arrangement widerspiegelt, wäre Gegenstand einer musikologischen Untersuchung, der ich mich nicht gewachsen sehe. Die sparsamen Literaturverweise im Text berücksichtigen in erster Linie deutschsprachige Publikationen, die für die Leserschaft leichter zugänglich sind.

Dieser illustrierte Textband ist Ergebnis einer langjährigen Auseinandersetzung mit dem Tango Argentino als *musikalische Psychoanalyse*. Eine Annäherung an das heutige Tango-Ambiente am La Plata wurde möglich durch Aufenthalte in Buenos Aires. Das Buch entstand aus vorangegangenen Arbeiten, die als Vorträge, Artikel und Rundfunksendungen ihren Niederschlag fanden. Das Resultat sollte für ein interessiertes Publikum ohne Vorkenntnisse verständlich sein – ob dieser Versuch gelungen ist, mag die Leserschaft beurteilen.

Mein Dank gilt Oscar B. Himschoot *(Club de Tango)* und José Gobello *(Academia Porteña del Lunfardo)* für ihr Entgegenkommen, Karima Ahmed und Bernd Karsten für die Überlassung von Fotomaterial, Walther L. Bernecker für eine kritische Lektüre des druckfertigen Manuskriptes, Vivi Alvez für Korrekturen der spanischen, Kristina Hortenbach der deutschen Texte, Jobst Rüthers für manche Anregung und dem Horlemann-Verlag für die Fortsetzung einer gelungenen Zusammenarbeit. Besonders verbunden bin ich den Freundinnen und Freunden der Bonner Szene um Gerrit Schüler, ohne deren Ermunterung dieses Buch nicht entstanden wäre. Sie brachten es fertig, daß ich den Tango Argentino mit einiger Verspätung auch als Tanz entdeckt habe.

Bonn, im Juni 1998
Raimund Allebrand

Tango Argentino

Folgt man einer aufschlußreichen Formulierung des Textdichters *Enrique Santos Discépolo*, so ist der argentinische Tango weniger ein Tanz, eher schon *un pensamiento triste que se puede bailar* – ein trauriger Gedanke also, den man zudem noch tanzen kann. Discepolín, wie er sich von seinen Bewunderern nennen ließ, wußte, wovon er sprach, hat er doch selbst das Universum der Tango-Interpretation um gut zwei Dutzend Liedtexte bereichert. Dennoch greift diese Umschreibung in mancher Hinsicht zu kurz. Im Verlauf einer mehr als hundertjährigen Geschichte mußte sich der Tango manche Interpretation gefallen lassen, die als Gemeinplatz an ihm hängenblieb und so bald nicht abzuschütteln ist. Allem Anschein nach ist er leicht zu verwechseln – mit seiner eigenen Karikatur:

In einer kleinen Konditorei sitzen zwei oder mehr und starren verzückt auf Rudi Ratlos, der mit zackiger Bewegung seine Violine malträtiert. Zum Klang einer alten Quetschkommode schleifen pomadisierte Jünglinge willenlose Damen übers Parkett. Halbseidene Gestalten lassen schmachtende Blicke schweifen, und wenn im roten Gaslicht finsterer Spelunken der Kriminal-Tango ertönt, dann entfährt es auch dem letzten Vamp ganz schnell: *Bonsoir, Herr Kommissar!*

Weltschmerz, Erotik und Kriminalität gehen hier eine Ehe ein. Der Vierachteltakt ist so unverwechselbar, wie seine Bedeutung umstritten bleibt. Was nostalgische Gemüter als Magie einer versunkenen Welt fasziniert und Tanzbegeisterte zu akrobatischen Solonummern veranlaßt, wird von anderen als Inbegriff morbider Sinnlichkeit ausgemacht oder als Ausgeburt eben jenes Machismus, den man sich als Feindbild zurechtgezimmert hat. Solchermaßen abgestempelt, erlebt der Tango immer wieder sein Comeback und erfreut sich anscheinend vor allem dann gesteigerter Beliebtheit, wenn eine wirtschaftliche und in der Folge auch psychologische Depression an seine Geburtsstunde in den Hafenvierteln von Buenos Aires erinnert.

Sensibel und verletzlich, schildert der Tango eine Suche nach Liebe und Geborgenheit und damit eine Erfahrung, die jeden betrifft. Im folgenden fragen wir nach seiner Geschichte und den Ursachen seiner aktuellen Renaissance, vor allem aber widmen wir uns den vorherrschenden Themen, wie sie in den Texten unzähliger Tango-Chansons zutage treten: Nostalgie und Abschied, verlorene Heimat und gescheiterte Liebe, Protest gegen das Schicksal und Abrechnung mit der eigenen Existenz – kurzum: eine Psychologie des Tango Argentino.

Mit der Krise kommt der Tango

Berlin im Tango-Fieber, titelt der *stern* (28) im Juli 1997. Folgt man der seitenlangen Bildreportage, so schickt sich die deutsche Metropole in jenem Sommer an, dem legendären Paris den Rang als heimliche europäische Tango-Hauptstadt abzulaufen. Andere Berichte machen in Bremen oder Köln eine schnell wachsende Szene aus. Das in Regensburg erscheinende *Tango-Info* gibt noch zur Jahresmitte 1994 Treffpunkte an 30 Orten an, die zumeist im Umfeld von Tanzschulen, Kulturzentren und Szene-Treffs den Eleven als Anlaufstelle dienen; nur drei Jahre später lassen sich übers Internet weit mehr als 100 regelmäßige Veranstaltungsorte in 60 deutschen Städten ausfindig machen. Derweil gastieren großformatige Shows mit zahlreichen Künstlern aus Buenos Aires unter dem Motto *Tango Pasión* oder *Tango Argentino* zwischen Flensburg und München.

Tango – so hieß eine mit großem Aufwand, wenn auch in den Kiosken erfolglos lancierte Illustrierte, so nennt sich – neben Pralinensorten – ein Müsliriegel, und auch ein Joghurtbecher schmückt sich mit diesem offenbar umsatzträchtigen Markenzeichen. Neben Presseartikeln, die ein Revival dokumentieren, hinterläßt die Tango-Welle ihre Spuren auf dem Bücher- und Zeitschriftenmarkt des Jahres 1997. Nach Julio Iglesias und Plácido Domingo haben klasssische Interpreten wie Daniel Barenboim, Gidon Kremer und Yoyo Ma ihre Tango-CDs eingespielt. Funk und Fernsehen widmen diesem Genre abendfüllende Sondersendungen, während der in den Kinos angelaufene Streifen *Tango Lesson* die Neuentdeckung eines alten Themas zelebriert und der spanische Regisseur Carlos Saura seinen jüngsten Musikfilm in Buenos Aires dreht.

Kein Zweifel: Der Tango hat seine Renaissance. *Gottseidank*, kommentieren altgediente *tangueros* am Río de la Plata. In seiner argentinischen Heimat erlebte der Tango seit den sechziger Jahren einen drastischen Niedergang. Nachdem sich eine ganze Jugend-Generation der Popkultur zuwandte und das Tango-Parkett ihren Großeltern überließ, die sich mit zunehmender Wirtschaftskrise teure Konzertbillets immer seltener leisten konnten, war eine ausgedehnte Musik- und Tanzszene vom Aussterben bedroht, und damit das kulturelle Aushängeschild der Metropole. Große Orchester konnten sich nur mühsam oder gar nicht halten, Tango-Shows wie der legendäre *Viejo Almacén* schlossen vorübergehend ihre Pforten, und angesichts düsterer materieller Perspektiven ließ auch der musikalische Nachwuchs auf sich warten. Das stets krisenanfällige Verhältnis zwischen künstlerischer Kreativität und wirtschaftlicher Versorgung traf den Tango mit ganzer Wucht. Nicht wenige namhafte Interpreten mußten als Musiker, Sänger und Choreographen lange Jahre in Europa überwintern, wo sie etwa in Paris eine halbvergessene südamerikanische Folklore repräsentierten – nicht allen gelang der Durchbruch à la Astor Piazzolla oder Juan José Mosalini.

In Buenos Aires wurde dem Tango nach langer Agonie bereits vor Jahrzehnten ein baldiges Ende prophezeit. Doch hat sich inzwischen das Blatt auch am La Plata gewendet. Wie schon des öfteren im Verlauf seiner langen Geschichte brachte die lebhafte europäische Nachfrage dem Tango seit Anfang der neunziger Jahre wieder steigendes Prestige in seiner Heimat. Damit einher geht eine wachsende Präsenz argentinischer Künstler in deutschen Städten; neben Musikern sind es vor allem Choreographen. Denn was hier gefragt wird, ist nicht der Salonrhythmus des lateinameri-

Tango-Kurs in Bonn

14

kanischen Repertoires, den man Halbwüchsigen als Pflichtübung der Tanzkurse mehr oder weniger mühsam eintrichtert – es geht um den wahren, den authentischen, den einzigen Tango aus Buenos Aires, wie er doch in zahlreichen Varianten auftritt. Mittlerweile rechnet sich für berühmte Solotänzer die Reise über den großen Teich, wenn sie ihre Fertigkeiten im Rahmen von Tourneen durch deutsche Tanzschulen einem wachsenden Publikum vermitteln können; und auch die einheimische Musikszene hat innerhalb weniger Jahre deutlich gewonnen. Konnte man die in Deutschland ansässigen Interpreten einer authentischen Tango-Musik noch vor kurzem an einer Hand abzählen, so entdeckten hiesige Musiker unterdessen nicht allein die Klänge vom Río de la Plata, sondern auch das Bandoneon als unverwechselbares Tango-Instrument, das zudem aus Deutschland stammt. Neue Ensembles schossen aus dem Boden und bilden inzwischen ein über die Republik und ihre Nachbarländer gespanntes Netz von Orchestern, die für Bälle und Konzerte zur Verfügung stehen. Schweizer und Niederländer zeigen sich besonders anfällig für die jüngste Tango-Manie.

Foto: Fotodesign Karsten, Bonn

Ganz neu ist dies indes nicht. Bereits zu Beginn der achtziger Jahre war in der Bundesrepublik eine Tango-Welle angesagt. Rundfunkmoderatoren der Folklore-Sparte entdeckten seinerzeit die *Musik aus Buenos Aires*, Tourneen bekannter argentinischer Interpreten häuften sich, und das deutsche Publikum erlebte auf der Kinoleinwand die legendäre Gestalt eines Carlos Gardel, der durch seinen frühen Tod im Jahre 1935 vom Idol zum Mythos wurde. Allerdings sollte sich diese wiederentdeckte Tango-Begeisterung – kanalisiert vom Berliner Horizonte-Festival des Jahres 1982 – bald wieder beruhigen, um wenige Jahre später erneut aufzuflackern, auch diesmal im Schlepptau des Kinos: Mit seinem Film *Sur* (1987) gelingt es dem argentinischen Regisseur Fernando E. Solanas unter Verwendung eines von Astor Piazzolla komponierten Soundtracks, das Timbre des Tango einem breiteren europäischen Publikum zu vermitteln. Mit Beginn der Neunziger schließlich erreicht das Tango-Fieber die Tanzsäle und findet hier, neben den Musikliebhabern, sein eigentliches Publikum. Städte wie Berlin, Hamburg oder Frankfurt zählen ihre Tango-Eleven inzwischen in die Tausende (zur Berliner Szene vgl. Flamm in du/97). Wie erklärt sich dieses Revival einer tänzerischen Gattung, die doch auch in Deutschland sattsam bekannt und eindeutig beleumundet scheint – und warum kommt es gerade jetzt?

Zumindest eines hat der Tango mit anderen Musikformen gemein: Er ist ein Kind seiner Zeit. Nicht zuletzt gilt dies für musikalische Gattungen, die – wenn sie tanzbar sind – eine besondere Nähe zu sozialen Beziehungen aufweisen und als Spielarten erotischer Kommunikation in Erscheinung treten. Damit spiegeln sie die jeweilige soziale Situation ihrer Entstehung, die Umstände ihrer Geburt, und werden so zum Ausdruck von Mentalität und Zeitgeist, von Identität und Lebensstil, von Hoffnungen und Befürchtungen der Zeitgenossen.

Neben kulturellen Faktoren verdankt der Tango Argentino seine Existenz seit etwa 1880 vor allem einer sozialen Umbruchsituation: Millionen Einwanderer aus zahlreichen europäischen Ländern finden den Weg nach Buenos Aires. Der Gesellschaftstanz im neugefundenen Rhythmus antwortet hier auf Marginalisierung und Identitätsverlust der Immigranten und sucht einen Ausweg in der erotischen Beziehung. Die Erfahrung von Marginalisierung und Depression hat sich in den lyrischen Texten der Tango-Lieder eindrücklich niedergeschlagen. Der Leidensdruck einer isolierten Männergesellschaft entlädt sich aber vor allem in tänzerischem Ausdruck, dessen Körpernähe und sexuelle Direktheit bürgerliche Konventionen des vergangenen Jahrhunderts hinter sich läßt.

Daß der Tango vor dem Ersten Weltkrieg (ab 1910) im französischen Bürgertum begeisterte Aufnahme findet, erklärt sich nur teilweise aus der magnetischen Anziehungskraft eines Modetanzes, der – weil in Lateinamerika geboren – reichlich exotisch anmutet. Auch die Pariser Gesellschaft steht vor erheblichen sozialen Umwälzungen. Im Vorkriegseuropa wird der Tango zum *Tanz auf dem Vulkan* und kann dieses Profil nach einer kriegsbedingten Unterbrechung seines Triumphzuges auch im Berlin der zwanziger und dreißiger Jahre erfolgreich verteidigen.

Deutschland um 1982: Konjunkturelle Flaute, nachlassende Konsumbereitschaft und erste Anzeichen einer künftigen Massenarbeitslosigkeit kündigen an, daß die Erfolgsstory des Wirtschaftswunders *made in Germany* nicht ewig dauern kann. Der Tango spielt in jenen Jahren eine dezente Begleitmusik. Zwar erholt sich die Konjunktur und mit dem Geldbeutel auch die Psyche vieler Zeitgenossen, aber ein Jahrzehnt später lassen sich einschneidende Konsequenzen einer Systemkrise nicht länger verheimlichen.

Mit einer gewissen Phasenverschiebung folgt auf die deutsche Einheit die Kapitulation einer sozialen Marktwirtschaft, der das kommunistische Feindbild abhanden kam. Im Schlepptau der Globalisierung sind langfristige Perspektiven für den Standort Deutschland mehr als ungewiß, umfangreiche Sparmaßnahmen und ein nur mühsam getarnter Sozialabbau werden zum Regelfall; für Millionen ist Arbeitslosigkeit ein auch künftig kaum abzuwendendes Schicksal. Damit einher gehen ein beispielloser Mangel an politischen Visionen und die soziale Ausgrenzung wachsender Bevölkerungsgruppen. Die paradoxe Situation zahlreicher Drittweltländer im Zeichen des Neoliberalismus – galoppierende Verarmung bei gleichzeitig positiven Wirtschaftsdaten – hat den Norden des Globus eingeholt. Der Tango findet jetzt in Deutschland ein lebhaftes Echo gerade in Kreisen der jüngeren und mittleren Generation, deren künftige Rentenbezüge keineswegs so sicher sind, wie Politiker gerne glauben machen.

Mit der Krise kommt der Tango. Daß dieser Tanz Europa in Wellen heimgesucht hat und in der Zwischenzeit weitgehend vergessen wurde, ist eine Konstante seiner mehr als hundertjährigen Geschichte. Dabei ähneln die Umstände des jeweiligen Revivals dem sozialen Umfeld seiner Entstehung am anderen Ende der Welt (Schüler 1994). Freilich ist mit dieser Beobachtung noch kein Automatismus zwischen wirtschaftlicher Rezession und Tanzbegeisterung nachgewiesen; entsprechende historische Parallelen stechen allerdings ins Auge und lassen einen unterschwelligen Zusammenhang vermuten.

Der Tango ist demnach eine Musik des Übergangs und begleitet soziale Umbruchsituationen, die dem Individuum größere Orientierungsfähigkeit abverlangen, als es zu leisten bereit und in der Lage ist. Konjunkturelle Flauten bringen in der Konsumgesellschaft die soziale Ausgrenzung großer Bevölkerungsgruppen und damit eine für manchen bedrohliche Identitätskrise. Wer nicht mithalten kann, ist auf sich selbst zurückgeworfen und erlebt womöglich auch seine engsten Beziehungen in neuem Licht: Soziale Gräben tun sich auf. Angesichts fehlender politischer Lösungen bietet sich der Rückzug ins Private als bequemster Ausweg an. Konkurrenzkampf und die Sehnsucht nach einer verlorenen zwischenmenschlichen Geborgenheit kann schließlich das Lebensgefühl ganzer Generationen bestimmen. Damit nähern wir uns der Mentalität jener Jahre, als europäische Einwanderer am La Plata ihr soziales Scheitern in der flüchtigen Erotik abendlicher Tanzvergnügen vergessen wollten.

Sie suchen ... die Partnerin, die die Hand auf der Schulter nicht gleich als sexuelle Belästigung versteht, textet der stern im Sommer 1997: *Tango ist Sehnsucht.* Nach jahrelangem Frieren in gefühlskalter Umgebung der Discotheken und Singletreffs werden jetzt erotische Umgangsformen neu eingeübt. Doch allem Anschein nach finden sich in der mittlerweile ausgedehnten deutschen Tango-Szene Menschen jeder Schattierung. Die überwiegende Mehrheit ist wahrscheinlich weder notorischer Single noch chronisch depressiv, lebt nicht am Rande der Gesellschaft und ist selten zum Konsumverzicht gezwungen, zumal Tango-Kurse kein billiges Vergnügen darstellen. Aber offenbar spüren nicht wenige, daß der Tango für unsere Zeit eine Botschaft hat – und an vielen Orten ein Ambiente, wo man sich über das gemeinsame Interesse am Tanz zwanglos kennenlernt, miteinander spricht und Beziehungen knüpft.

Mit der ihm eigenen Beharrlichkeit beschwört er ein Gefühl von Nostalgie und kanalisiert jene Empfindung von Entwurzelung und Orientierungslosigkeit, die in diesen Jahren um sich greift und in melancholischer Vereinzelung enden kann. Der Tango bietet hier Perspektiven an: Keiner tanzt für sich allein.

Das Bordellreptil

In *Brehm's Tierleben* sucht man es vergeblich. Die Entdeckung oder besser: Erfindung dieser animalischen Gattung wird Leopoldo Lugones (1874-1938) zugeschrieben. Argwohn und Abscheu, wie sie dem Tango seitens besserer Kreise entgegenschlugen, als er nach der Jahrhundertwende langsam aus Kneipen und Kaschemmen in die vornehmen Kasinos drängte, fanden ihren Niederschlag in dieser Formulierung des seinerzeit (1916) berühmtesten argentinischen Dichters.

Erst auf einem Umweg über die vielbewunderten Pariser Salons sollte sich das Tango-Sujet die Anerkennung der einheimischen argentinischen Gesellschaft erobern und aus seinem anfänglichen Schattendasein heraustreten. Aus einer herablassend betrachteten Halbwelt-Musik wird nach und nach das kulturelle Aushängeschild von Buenos Aires und der benachbarten uruguayischen Hauptstadt Montevideo. Dieses Schicksal eines Parvenus teilt der Tango mit beinahe allen Genres sogenannter *Musikfolklore*, beispielsweise andalusischer *Flamenco*, ungarischer *Csárdás* oder nordamerikanischer *Blues*, die sich aus ihrem Ursprungsmilieu einer marginalisierten Unterschicht zu kulturtragenden Musikformen emanzipieren konnten.

Im Jahre 1907 kommt der argentinische Musiker Angel Gregorio Villoldo nach Frankreich, um eine für damalige Verhältnisse fortgeschrittene Tontechnik zu nutzen. Der Komponist des berühmten Titels *El Choclo* ist der prominenteste Pionier eines frühen Tango der sogenannten Alten Schule *(guardia vieja)*, deren Produktionen heute nur in wenigen historischen Aufnahmen erhalten sind. Gemeinsam mit Villoldo treffen sein Freund und Kollege Alfredo Gobbi und dessen Frau, die Sängerin Flora Rodríguez, in Paris ein. Während Villoldo nach Aufzeichnung einiger Tangos unter Begleitung durch eine Militärkapelle bald nach Buenos Aires zurückreist, hält es die Gobbis noch längere Zeit an der Seine, wo sie eine umtriebige Aktivität in der besseren Gesellschaft entfalten.

Das Ehepaar Gobbi widmet sich zahlreichen Plattenaufnahmen, gründet neben einer Tanzschule auch einen Musikverlag und kehrt erst mit Ausbruch des Ersten Weltkrieges endgültig in die Heimat zurück. Zu diesem Zeitpunkt ist der Tango nach gewissen Anlaufproblemen längst zum Modetanz avanciert und steht vor einer atemberaubenden Karriere. Ab 1910 ist die französische Tangomanie nicht mehr aufzuhalten, strahlt von Paris über ganz Europa aus und nach Argentinien zurück.

Geboren im Schmelztiegel Lateinamerikas, ist der Tango zweifellos die europäischste Musik dieses Subkontinents – und dennoch eine kulturelle Mischform. Sein rhythmisches Vorbild ist die kubanische *Habanera*, der Hans Albers mit seiner Interpretation der *Paloma Blanca* von Sebastián Iradier ein populäres Denkmal setzte und vor ihm Georges Bizet in der Carmen-Oper. Von den westindischen Inseln kommt die Habanera etwa zur Mitte des 19. Jahrhunderts nach Buenos Aires und trifft hier auf einen bereits verbreiteten Vorläufer des Tango: die gleich der Habanera im Zweivierteltakt getanzte *Milonga* mit Ursprung wahrscheinlich auf dem afrikanischen Kontinent. Durch Verschiebung des Taktschemas ergibt sich um 1880 der Tango-Rhythmus, wie er später in einen synkopierten Vierachtel übergeht. Ob der erste Tango in Buenos Aires oder aber in Montevideo getanzt wurde, ist seit langem Gegenstand einer lokalpatriotischen Polemik, in welche einzustimmen nicht ratsam ist. Generell scheint der uruguayische Beitrag zu diesem Musikgenre weitaus bedeutender, als gemeinhin bekannt.

Neben Milonga und Habanera, die auf Kuba als der alles überragenden Drehscheibe karibischer Musik aus dem *Contredance* entstand, ist am La Plata ein weiterer Rhythmus anzutreffen: der *Candombe*, zunächst als religiöser Ritus vor allem unter der schwarzen Bevölkerung in Uruguay verbreitet. Über diese afrikanischen Wurzeln des Tango und seiner Vorläufer zirkulieren zahlreiche Theorien, die angesichts spärlicher Daten auf einen musikalischen Transport durch versklavte Schwarze zu Zeiten der spanischen Kolonie spekulieren.

Auch das Wort *Tango* leitet sich mit größter Wahrscheinlichkeit aus afrikanischen Sprachen des heutigen Kongo ab und bezeichnet ursprünglich womöglich einen Sammelplatz für den Sklaventransport, ferner ein Trommelinstrument, wie es dort geschlagen wurde, später die Tanzvergnügen einer schwarzen Unterschicht am La Plata. Eine etymologische Herleitung aus dem Lateinischen (von *tangere* = berühren) scheint weit hergeholt. Noch gegen Ende der Kolonialzeit besteht um 1810 rund die Hälfte der ca. 100.000 Einwohner von Buenos Aires und 50.000 im benachbarten Montevideo aus Schwarzen, größtenteils in den Haushalten der Stadt tätigen Sklaven und Freigelassenen, deren afrikanische Traditionen ihre Wirkung auf das kulturelle Ambiente nicht verfehlen.

Unter den frühen Tango-Musikern der Alten Garde ist das afrikanische Erbe in Gestalt herausragender Figuren präsent. Etwa der Farbige Rosendo Mendizábal (1868-1913), der seinen Lebensunterhalt tagsüber als Musiklehrer in besseren Kreisen verdient und sich abends in weniger etablierter Umgebung dem Tango widmet. Um seine bürgerliche Einkommensquelle nicht zu verlieren, veröffentlicht er berühmt gewordene Kompositionen (u.a. *El entrerriano*) zunächst anonym unter dem Namen A. Rosendo. Der mehr oder weniger direkte afroamerikanische Einfluß verliert sich jedoch bis zur Jahrhundertwende. Im Gegensatz zu anderen Gattungen sogenannter *Musik-Folklore* wird das Tango-Genre bereits früh von Berufsmusikern geprägt, in der Mehrheit italienischer Abstammung. »Kaum war der Tango erfunden, wurde er bereits italianisiert.« (Gobello 1980:37)

Allerdings wird auch der um 1850 im südspanischen Cádiz womöglich aus der Habanera entstandene *tango andaluz* als Vorläufer seines argentinischen Namensvetters gehandelt. Am Río de la Plata sind Mitte des vergangenen Jahrhundert zahlreiche Tänze verbreitet, die aus Europa stammen, allen voran Walzer und Chotis, Polka und Mazurka; sie stehen bald in Konkurrenz zur Milonga, die ursprünglich im ländlichen Umfeld als improvisierte Liedform (Streitgesang) auftritt und ihren Zweivierteltakt mit zunehmender Landflucht im städtischen Milieu als Tanzrhythmus etablieren kann; in den Vorstadtkneipen findet sie zur choreographischen Form. Zudem wird der Begriff *milonga* (und seine Ableitungen *milonguera/o, milonguita*) zum Synonym nicht allein tänzerischer Belustigung, sondern steht für das Ambiente einer entwurzelten, in semiurbaner Umgebung gestrandeten Agrarbevölkerung am Rande der bürgerlichen Gesellschaft. In der Milonga begegnet uns die Verlängerung des ländlichen Umfeldes in die Vorstädte und damit die Übergangsform zum urbanen Rhythmus in Gestalt des Tango, der musikalisch als Synkopierung der Milonga einsetzt. Bleibt erstere ein Produkt der einheimischen

Hafenviertel La Boca

Landflucht, so wird letzterer zum choreographischen Ausdruck einer neuen Identität der europäischen Immigranten (zur Sozialgeschichte vgl. u.a. Reichardt 1984).

Der Stammbaum des Tango weist mithin wenigstens drei familiäre Wurzeln auf: eine afrikanisch geprägte Musiktradition der schwarzen Unterschicht am La Plata, die vor allem in Gestalt der Milonga teilweise von der weißen Bevölkerung übernommen wird; daneben europäische Gesellschaftstänze in ihren einheimischen Varianten und schließlich neue musikalische wie auch soziale Impulse, die mit der großen Einwanderungswelle ab den siebziger Jahren des vergangenen Jahrhunderts ins Land schwimmen. Sprache des Tango wird jetzt das anfänglich noch unbeholfene Spanisch des Immigranten mit italienischem Akzent, wie es als *lunfardo* zum typischen Slang von Buenos Aires avanciert. Das *Bandoneon* schließlich kommt als *deutsche Wertarbeit* an den Río de la Plata und etabliert sich schnell als tragende Stimme eines jeden typischen Tango-Orchesters.

Über den eigentlichen Tango hinaus umfaßt das Genre bis heute die musikalischen Formen der Milonga und des Walzers *(vals criollo)* und tritt in sämtlichen drei Gattungen neben der Instrumentalversion auch als Lied in Erscheinung. Dabei zeigen sich in Tanz und Text bemerkenswerte Unterschiede. Die Milonga kann ihren ländlichen Ursprung auch im Tanzstil nicht verhehlen und verbindet mit ihrem bald getragenen, bald lebhaften Tempus fröhliche oder zumindest romantische Stimmungen. Während die Liedtexte des Walzers nicht selten pittoreske und sentimentale Themen vorstellen, zeigt der Tango eine überwiegend nostalgisch, zuweilen tragisch gestimmte Mentalität und stellt höchste Anforderungen an die Choreographie.

Von den auf Tonwalzen und verrauschten Schellackplatten erhaltenen Aufnahmen der *guardia vieja* (Juan Maglio, Roberto Firpo u.a.) bis zu bizarren musikalischen Einfällen eines Astor Piazzolla reicht die bunte Palette der Tango-Interpretation, wie sie sich in mehreren Phasen entwickelt. Besteht die Instrumentierung der frühen Straßenensembles vor allem aus Gitarre und Violine, denen sich Querflöte und in seltenen Fällen Blechinstrumente beigesellen, so hält das bürgerliche Piano erst deutlich nach der Jahrhundertwende Einzug in die Tango-Orchester. Ab den Zwanzigern setzt sich unter dem prägenden Einfluß des Ensemblechefs Julio de Caro mit der Formation der *orquesta típica* eine Instrumentierung durch, die vom klagenden Ton des Bandoneons überlagert wird. Die spieltechnische Bandbreite dieses Instrumentes wird ausgebaut und perfektioniert. Gleichzeitig schlägt mit der Neuen Garde *(guardia nueva)* die Stunde bis heute bekannter Komponisten, die auch als Dirigenten tätig werden und in den Goldenen Jahren des Tango mit großen Orchestern reüssieren. Der unternehmerisch Erfolgreichste, Francisco Canaro, leitet gleichzeitig mehrere Ensembles und trägt seinen Spitznamen *Pirincho* (Elster) nicht umsonst. Italienische Namen wie D'Arienzo, De Angelis, Di Sarli und zahlreiche weitere gehören in die erste Reihe einer klassischen Interpretation. Der 1995 verstorbene Orchesterchef Osvaldo Pugliese hat mit jahrzehntelanger Arbeit einen nachhaltigen Beitrag geleistet. Wie keine andere Gruppe haben Italo-Argentinier das musikalische Profil des Tango-Genres in jeder Beziehung geprägt. Am

Bandoneon stellt Aníbal Troilo alle in den Schatten, bis mit den Fünfzigern sein Schüler Astor Piazzolla von sich reden macht. Zu diesem Zeitpunkt mündet bereits die *Dritte Garde* in eine musikalische Revolution: Die Werke von Piazzolla, Horacio Salgán, Dino Saluzzi und weiterer Vertreter des *Tango Nuevo* sprengen nicht selten den traditionellen Rahmen und weisen als *Musik aus Buenos Aires* in Richtung Jazz und Klassik – doch zeigt sich der Tango vor allem hier als musikalischer Existentialismus.

Neben der Orchesterinterpretation wird die *Tan-*

Carlos Gardel

24

go-Canción ab 1917 in Buenos Aires und Montevideo populär. Das Chanson entwickelt sich aus dem in Argentinien verbreiteten Milonga-Lied und kann auf die Tradition der ländlichen *payadores* (Bänkelsänger) und des Gaucho-Gesangs zurückgreifen. Seine Interpreten, an erster Stelle Carlos Gardel, kommen zu großer Berühmtheit, und Lieder wie *La Cumparsita* oder *El Choclo* gehen um die Welt.

Der Titel des frühen Tango *Dame la lata* von 1888 spielt auf jene Blechmarke an, die beim Betreten eines Etablissements zu erwerben und der Miettänzerin oder Prostituierten auszuhändigen war – insofern verleugnet er nicht seine berüchtigte Herkunft. Allerdings sollte der Tango lediglich seine Kindheit und Pubertät in zwielichtiger Umgebung verbringen und noch im zarten Alter von etwa zwanzig Jahren an die Öffentlichkeit treten: Bereits im Jahre 1900 erlebt er mit dem Streifen *Tango Argentino* sein Debüt auf der Stummfilmleinwand, aber erst 1923 findet die erste Aufführung eines Tango im Präsidentenpalast von Buenos Aires statt. Zwischen Tanzmusik und Chanson, Film und Roman, Salon und Konzertsaal bildet er mit der Zeit ein ausgesprochen vielseitiges Genre aus und knüpft schon früh internationale Beziehungen. Neben seinem europäischen Triumphzug wird der Tango in Lateinamerika, an erster Stelle in Kolumbien, begeistert empfangen und kann sich bereits ab den zwanziger Jahren in Skandinavien und selbst in Japan, wo er heute tief verwurzelt ist, dauerhaft etablieren – stets im Schlepptau einer gesellschaftlichen Umbruchsituation.

Mit dieser Erfolgsstory hatte Leopoldo Lugones wohl kaum gerechnet, als er den Tango durch sein sprichwörtliches Verdikt als *Bordellreptil* abstempelte.

Melancholie der Vorstadt

Um das Jahr 1865 erlebt Argentinien den Beginn einer neuen Epoche. Die sozial tonangebenden Schichten, Grundbesitz und Finanzaristokratie, springen auf den Zug der europäischen Industrialisierung und bemühen sich um eine Besiedelung der ausgedehnten Gebiete nördlich von Buenos Aires: die *Pampa*, zu diesem Zeitpunkt weitgehend menschenleer, als Weideland jedoch hervorragend geeignet. Innerhalb weniger Jahre wird das Land zum weltgrößten Fleisch- und Lederexporteur und entwickelt einen Bedarf an Arbeitskräften, der durch die einheimische Bevölkerung, sogenannten *criollos* spanischer Abkunft, nicht mehr zu decken ist.

Im Verlauf unkontrollierter Einwanderungswellen suchen Millionen Europäer ihr Glück in Argentinien, das auf diese Weise bis zum Ende des Jahrhunderts seine Einwohnerzahl vervielfacht. Die Überfahrt dauert um 1870 zwischen drei und fünf Wochen und kostet auf dem Zwischendeck 16 englische Pfund. Trotz hoher Rückwanderungsquoten von rund einem Drittel wächst die argentinische Bevölkerung zwischen 1869 und 1914 von 1,7 auf fast 8 Millionen (davon rund 3 Millionen Europäer) und die der Stadt Buenos Aires im selben Zeitraum von 180.000 auf 1,6 Millionen, Montevideo von 100.000 auf nahezu 400.000 (Vogel 1992:725/6).

Die nachgewanderten Italiener und Spanier – daneben große Kontingente aus Frankreich, England, Rußland, Deutschland und dem Vorderen Orient – denken aber nicht daran, den unwegsamen Norden zu besiedeln. Auf der Suche nach dem großen Geld bleibt man zunächst im Dunstkreis der Städte, genauer gesagt: in der Umgebung von Buenos Aires. Hier läßt sich gut die Hälfte der Einwanderer nieder und vegetiert unter schwierigen Bedingungen in den riesigen Vorstädten der Metropole. Im Jahr 1914 besteht mehr als die Hälfte der Bonarenser Einwohnerschaft aus Ausländern, größte Zuwande-

Schiff mit Einwanderern um die Jahrhundertwende

BRASILIEN

Santa Fe

Paraná

PARANA

URUGUAY

MONTEVIDEO

Punta del Este

BUENOS AIRES

RIO DE LA PLATA

ARGENTINIEN

rergruppe sind die Italiener. Die argentinische Hauptstadt wird zum *melting pot*, zum Schmelztiegel der Rassen und Kulturen; allein die Zahl der Deutschstämmigen wird heute mit über einer Million angesetzt.

Der massive Zustrom verändert die Gesellschaft am Río de la Plata radikal: Indianische, negroide und kolonialspanische Züge weichen einer nahezu totalen Europäisierung. Mit den zahlreichen Sprachen der Einwanderer kommen auch ihre musikalischen Traditionen. Aber vor allem ergänzt die Zuwanderung entwurzelter Europäer das psychologische Ambiente am La Plata um ein prägendes Motiv: die Mentalität des Emigranten. Hoffnung und Scheitern der Auswanderer, ihr Lebenskampf und die von ihnen auszuhaltende Einsamkeit geben dem Tango sein unverwechselbares Profil.

Verlorene Heimat

Entgegen dem Anschein sind Emigranten für gewöhnlich keine Abenteurer. Ihr Weltbild ist konservativ. Im Mittelpunkt steht die Erfahrung eines Verlustes: Die zurückgelassene Heimat wird als unwiederbringlich erlebt. Ist die Auswanderung, wie zumeist, durch rein materielle Motive erzwungen, so verstärkt sich diese Gemütslage noch. Es fehlt das Motiv für eine soziale Integration in die neue Umgebung. Negative Erfahrungen bringen zudem die stete Versuchung einer vorzeitigen Rückkehr. Der Emigrant erklärt sich seine Situation als vorübergehendes Interim, als ein durch materielle Not auferlegtes Exil. Daß ein derartiger Schwebezustand nicht selten jahrzehntelang aufrechterhalten wird, zeigen die Biographien südeuropäischer Arbeitsmigranten in der Bundesrepublik seit Mitte der fünfziger Jahre unseres Jahrhunderts:

Die Emigration, zumeist im Lebensstadium des jungen Erwachsenen, wird hier nicht selten zum Trauma, das die weitere Entwicklung blockiert. Selbst eine partielle Integration in die neue Umgebung kann den Verlust nicht wettmachen. Das Ergebnis ist ein permanentes Provisorium. Die Mentalität des Emigranten verweigert sich dem Hier und Jetzt und lebt emotional weitgehend in der Vergangenheit. Während man sich einerseits buchstäblich zwischen Apfelsinenkisten einrichtet, läßt man im heimatlichen Dorf ein komfortables Haus errichten, das man indes nie bewohnen wird. Hinzu kommt ein mit den Jahren schleichender Identitätsverlust: Gelegentliche Aufenthalte in der Heimat bringen Fremdheitsgefühle. Die im Rückblick idealisierte Umgebung hat sich verändert und kontrastiert mehr und mehr mit den sorgsam gehüteten Eindrücken der Erinnerung. Zur räumlichen Entfernung kommt die zeitliche Distanz – schließlich ist man weder hier noch dort, sondern nirgends zuhause. Was bleibt, ist Nostalgie (*Cuesta abajo*):

Sueño con el pasado que añoro	Träume voll Sehnsucht nach dem Gestern
el tiempo viejo que lloro	der alten Zeit, die ich beweine
y que nunca volverá.	und die niemals wiederkehrt.

Die nostalgische Gefühlswelt des europäischen Immigranten in Argentinien findet ihren Raum in den Texten des Tango und gewinnt hier einen besonderen Akzent: Die Kontrasterfahrung in einer fremden Umgebung führt zur Frage nach der eigenen Identität. Der Blick zurück bringt die Begegnung mit einer Herkunft, die räumlich nicht mehr zugänglich ist, wohl aber gedanklich und emotional, ist doch die verlorene Heimat identisch mit Kindheit und Jugend (*Naranjo en flor*):

Después, ¿qué me importa del después?	Danach – was ist mir ein Danach?
Toda mi vida es el ayer	Ist doch mein Leben ganz ein Gestern
que me detiene en el pasado.	und an Vergangenes gefesselt.
Eterna y vieja juventud	Die Jugendzeit – ewig und alt zugleich
que me ha dejado acobardado	sie ließ mich voller Furcht zurück
como un pájaro sin luz.	verängstigt wie ein blinder Vogel.

Allerdings: Die Sehnsucht nach der zurückgelassenen europäischen Vergangenheit tritt in den Texten des Tango nur verschleiert in Erscheinung. Was geschildert wird, sind keineswegs etwa die Arbeiterviertel des heimatlichen Palermo oder der Hafen von Bordeaux, sondern die versunkene Welt des alten Buenos Aires. Nur selten finden sich Anspielungen auf den europäischen Kontext, und zumeist handelt es sich dann um Italien oder das von den *porteños* (*Hafenleute* = Einwohner der argentinischen Hauptstadt) grenzenlos bewunderte Paris.

Dies kann indes nicht überraschen, findet doch der überwiegende Teil des klassischen Textrepertoires seine Entstehung zwischen den frühen zwanziger und späten fünfziger Jahren. Die beinahe immer männlichen Autoren sind demnach selten selbst Zuwanderer, eher schon deren Söhne oder gar Enkel, und kennen folglich die Erfahrung der Emigration nur vom Hörensagen. Einer der herausragenden Texter, *Discépolo*, wird beispielsweise 1901 als Sohn eines italienischen Immigranten geboren; anders *Gardel*, der 1893 mit seiner

Mutter aus Frankreich kommt – im Alter von drei Jahren. Das Motiv löst sich somit aus der engen Bindung an die europäische Herkunft und überträgt sich auf die vergangene Welt der eigenen, bereits in Argentinien erlebten Jugend. Die Straßen und Gassen, die Laternen und Hinterhöfe der Gründerjahre in Buenos Aires werden zu einem bevorzugten Tango-Sujet *(Mi Buenos Aires querido)*:

La ventanita de mi calle de arrabal	Kleines Fenster meiner Vorstadtgasse
donde sonríe una muchachita en flor.	aus dem ein hübsches Mädel lacht.
Quiero de nuevo hoy volver a contemplar	Will mich noch mal in deinem Blick verlieren
aquellos ojos que acarician al mirar.	das Streicheln jener Augen nochmals spüren.

Der verklärte Blick auf die längst versunkene Szenerie der Vorstädte, im neuen Jahrhundert überrollt vom Wirtschaftswunder des industriellen Fortschritts, ist in diesem 1934 für den Spielfilm *Cuesta abajo* entstandenen Text, der schnell zu einer inoffiziellen Lokalhymne der Porteños avancierte, in hohem Maße emotional besetzt – nämlich eindeutig positiv.

Mi Buenos Aires, tierra florida	Mein Buenos Aires, blühende Erde
donde mi vida terminaré...	wo ich mein Leben beschließen will...
Quiero que sepas que al evocarte	Eins sollst du wissen: an dich zu denken
se van las penas del corazón.	vertreibt den Kummer aus meinem Herz.

Doch ist dies nur die eine Seite der nostalgischen Medaille. Was die Unwiederbringlichkeit des Gewesenen betrifft, erlaubt sich der Tango keine Illusionen, denn *(Viejo Buenos Aires)*:

El tiempo nada dejó	Die Zeit, sie ließ nichts zurück
y en tu brillar de estrellas	und im Funkeln deiner Sterne
todo cambió.	ist heut' alles anders.

Die Flüchtigkeit emotionaler Erlebnisse wird deshalb zu einem wiederkehrenden Thema *(Volvió una noche)*:

Las horas que pasan ya no vuelven más:	Verflossene Stunden kehren nie zurück:
Y así mi cariño, al tuyo enlazado	So ist meine Liebe, der deinen ergeben

nicht mehr als ein Trugbild vergangener Tage
die niemals, niemals mehr aufersteh'n.

Für gewöhnlich bringt die allgegenwärtige Erinnerung zudem ambivalente Gefühle, sobald die bescheidene Gegenwart dem unausweichlichen Vergleich der Phantasie nicht standhalten kann *(Sur)*:

Nostalgias de las cosas que han pasado
arena que la vida se llevó.
Pesadumbre de barrios que han cambiado
y amargura de un sueño que murió.

Sehnsucht nach Dingen, längst vergangen
und schon wie Sand vom Leben fortgewischt.
Kummer: Von alten Vierteln ganz verändert
bleibt bitter nur ein toter Traum zurück.

Bei aller geradezu hymnischen Begeisterung für die alte Zeit überwiegt hier eindeutig das tiefe Gefühl des unwiederbringlichen Verlustes und damit ein Grundmotiv der Emigration, wenn auch jetzt in übertragener Form. Diese Verlagerung des Themas – verlorene Heimat ist das veränderte Buenos Aires – schmälert aber nicht den emotionalen Stellenwert: So oder so bleibt der Tango stets nostalgisch.

Die Protagonisten des Tango sind beherrscht von der Vergangenheit, der eigenen wie der kollektiven. Ihr Herz blickt stets zurück und deshalb erwarten sie von der Zukunft nichts Neues. Der Blick nach vorn könnte ja bestenfalls bedeuten, das Verlorene wiederzufinden. Emotional befriedigender und in gewisser Weise auch bequemer ist da schon das Spiel auf der Klaviatur des Erinnerns. Nostalgie wird zum Lebensgefühl schlechthin, offensichtlich in der Reaktion auf eine, wenngleich zurückliegende, traumatische Erfahrung, die das gegenwärtige Erleben beeinträchtigt.

Dennoch bleibt diese Grundstimmung des Tango seltsam zweideutig. Trotz aller stets beschworenen Flüchtigkeit der emotionalen Eindrücke ist ihm die Vergangenheit durchaus kein Ort musealer Besichtigung; und die Erinnerung keineswegs eine Galerie toter Souvenirs, die einladen könnte zur distanzierten Betrachtung der eigenen Biographie. Zugegeben: Das vorherrschende Gefühl der Unwiederbringlichkeit signalisiert ein abgeschlossenes Kapitel – aber nur scheinbar. Denn das Gestern ist im Tango nicht vergangen und damit erledigt, es begegnet vielmehr auf Schritt und Tritt, wann immer situative Eindrücke die unkontrollierte Assoziation freisetzen *(Volver)*:

Volver, con la frente marchita	Zurück – schon faltig die Stirn
las nieves del tiempo platearon mi sien.	und vom Schnee der Zeit die Schläfen gebleicht.
Sentir que es un soplo la vida	Doch du spürst: Das Leben – ein Hauch
que veinte años no es nada	zwanzig Jahre – ein Witz
que febril la mirada	denn im Schatten verborgen
errante en las sombras	ein flackernder Blick
te busca y te nombra.	der dich sucht und dich ruft.

Die vergangenen Erlebnisse sind hier nicht, vergilbten Akten gleich, deponiert im Archiv der Erinnerung; sie lassen sich nicht buchhalterisch verwalten und damit rational kontrollieren. Das Gestern ist vielmehr im Heute weiterhin lebendig und deshalb unauslöschlich, wenn auch nicht zu jeder Gelegenheit frei verfügbar. Zurückliegende Erlebnisse, in der Zwischenzeit womöglich mühsam und mehr oder weniger erfolgreich verdrängt, sind nicht vergangen, sondern nur gewesen. In der Verknüpfung neuer Situationen mit alter Erfahrung beweisen sie unverhofft ihre Aktualität *(Volver)*:

Tengo miedo del encuentro	Ich hab' Angst vor dem Gestern
con el pasado que vuelve	das heute wieder
a enfrentarse con mi vida.	den Weg mir verstellt
Tengo miedo de las noches	und nachts im Albtraum
que pobladas de recuerdos	bebe ich noch
encadenen mi soñar.	in Erinnerung.

Die Schatten des Gestern kriechen unaufhaltsam über das Erlebnis des Neuen. Das emotionale Echo dieser Erfahrung nennen wir *Nostalgie*. Diese Stimmungslage weist bekanntlich durchaus romantische Spielarten auf, doch im Tango zeigt sie ihr grausames Gesicht. Seine Texte proklamieren unermüdlich den Primat des Gestern über das Heute und damit die Entwertung einer Gegenwart, die ihren Protagonisten zwischen den Fingern zerrinnt. Aus dieser Ambivalenz lebt der Tango.

Das eingangs umschriebene Grundmotiv der Emigration läßt sich jetzt neu – nämlich symbolisch – interpretieren: Es bedeutet Vertreibung aus dem Land der Geborgenheit, Verlust der Kindheit, Abschied von der Jugend. Im Gegensatz zum Exil – immer befristet und durch die tröstliche Perspektive auf Rückkehr gemildert – gibt es hier keine Wiederkehr. Hier trifft sich jedoch die extreme Lebenserfahrung des Emigranten mit dem, was allen lebensgeschichtlich widerfährt. Denn das nur vom Tod aufzuhaltende Älterwerden bringt früher oder später eine schwer zu ertragende Einsicht: Die realen Möglichkeiten des Lebens, in den frühen Phasen unbestimmt und von daher nahezu unbegrenzt, schränken sich mehr und mehr ein. Mit abnehmender Erwartung an die Zukunft wendet sich der Blick jedoch auf die teils genutzten, teils verspielten Chancen eines bereits zurückgelegten Lebenswegs.

Bildlich gesprochen: Je tiefer die Sonne sinkt, desto länger werden die Schatten. Je weniger Kredit das Leben noch zu versprechen scheint, desto schwerer wiegt die Hypothek einer Vergangenheit, die jetzt von Tag zu Tag bis ins hohe Alter immer virulenter wird. Dieser Zusammenhang vermag vielleicht (sozusagen nebenher) auch das Schicksal des Tango als musikalische Gattung zu beleuchten: Wird er doch von jungen Leuten nicht selten abgelehnt, in reiferem Alter der Lebensmitte hingegen zunehmend schätzen gelernt. Denn für jeden stellt sich die im Walzerschritt daherkommende Frage *(Carrousel)*:

¿Por qué quiero volverme al pasado　　Warum dreh' ich mich um nach dem Gestern
si el pasado no quiere volver?　　kehrt das Gestern doch niemals zurück?

Doch kehren wir zurück zur Lebenswelt der Immigranten in Buenos Aires. Die Herausbildung eines frühen Proletariats aus Zuwanderern zeigt hier bald ihre bedrohlichen Seiten. Den wohlhabenden Schichten unter der eingesessenen Bevölkerung *(criollos)* mußten die ins Land drängenden Europäer als Hungerleider erscheinen, deren Arbeitskraft man sich zwar zu bedienen hatte, die man sich aber so weit als möglich vom Leibe hielt. Als dies nicht länger gelingt, siedelt die Oberschicht Ende der siebziger Jahre des vergangenen Jahrhunderts nach einer überstandenen Gelbfieberepidemie mehr oder weniger geschlossen in den Norden der Stadt um und überläßt ihre ehemaligen Paläste kampflos den Proletariern. Eine Statistik von 1915 gibt für Buenos Aires 2.462 Mietshäuser an, in denen 140.000 Menschen untergebracht sind. Eine Belegung mit durchschnittlich fünf bis zehn Personen je Zimmer ist gang und gäbe (Sebreli 1964).

Aus der Überbelegung großer Gebäude, die teilweise eigens zu diesem Zweck errichtet werden, der sogenannten *conventillos* mit Hunderten von Bewohnern unterschiedlicher kultureller Herkunft, wird enormer Profit geschlagen. Etwaige Parallelen zur Wohnsituation sogenannter *Gastarbeiter* im frühen Wirtschaftswunderland Deutschland sind durchaus kein Zufall. Doch ergibt sich aus dieser engen Nachbarschaft ein prägendes Motiv des Tango: die später immer wieder beschworene menschliche Wärme des familiären Umgangs im Stadtviertel.

Eine zeitgenössische Quelle bietet folgende Beschreibung des *conventillo:* »Das Mietshaus bot auf den Höfen wie auf seinen Gängen ein lebendiges Bild. Bunt durcheinandergewürfelt bildeten Menschen jeden Alters, aller Nationalitäten und beiderlei Geschlechts eine Art Würmerhaufen, wo alles durcheinanderwimmelte... Feucht waren die Höfe, wo sich der Bodensatz der Bewohner ablagerte. Eng waren die Zellen, durch ihre Türen sah man das schmutzige Zimmer, angefüllt mit Betten und Truhen, wackligen Stühlen, Tischen mit abgebrochenen Beinen, beschlagene Spiegel, Zeitungen mit Karikaturen an den Wänden, und dann jene ganz besondere Unordnung eines Raumes, in dem sechs Menschen schliefen und wo man für alles, was man besaß, einen passenden oder unpassenden Platz finden mußte.« (Ceferino de la Calle 1885, zit. nach Sebreli 1964, in: Künstlerhaus Bethanien 1982: 17.)

Ausgehend von den vormals wohlhabenden südlichen Quartieren in der Nähe des Hafens zieht sich schließlich ein ganzer Gürtel von Vorstädten um das Zentrum von Buenos Aires. Im Hafenviertel *La Boca*, am Süddock im Mündungsgebiet des Riachuelo, ergeben sich die turbulentesten Verhältnisse. Selbst wenn der Tango dort nicht entstanden ist, hat er doch um die Jahrhundertwende in dieser Gegend seine Hochburg. Hier findet er sein Milieu und ein bevorzugtes Sujet *(El corazón al sur):*

Ahora sé que la distancia no es real	Heut' weiß ich, daß der Abstand scheinbar nur
y me detengo siempre en este punto cardenal:	denn immer noch häng' ich an diesem Angelpunkt.
por eso tengo el corazón mirando al sur.	Drum schaut mein Herz nach Süden immerzu.

Der *Süden* avanciert damit zu einem Unterkapitel unseres Themas. In der Verarbeitung des Tango entzieht sich dieses Sujet allerdings zusehends der Lokalisierbarkeit in real existierenden Stadtvierteln und wird zum literarischen Topos. Der 1987 entstandene Tango-Film Sur präsentiert sich auf weiten Strecken geradezu als eine Apotheose des Südens *(Vuelvo al sur):*

Vuelvo al sur	Zurück nach Süden
como se vuelve siempre al amor,	holt uns doch immer die Liebe ein.
vuelvo a vos	Zurück zu dir
con mi deseo, con mi temor...	mit meiner Sehnsucht und meiner Angst...
Quiero el sur	Ich liebe den Süden
su buena gente, su dignidad.	seine guten Leute, seine Menschlichkeit
Siento el sur	den Süden spür' ich
como tu cuerpo en la intimidad.	wie deinen Körper ganz nah.
Te quiero, sur.	Süden: Ich liebe dich.

Millionen frierender Zentraleuropäer mag dieser Text aus der Seele sprechen. Aber Vorsicht: Es geht hier nicht um den sommerlichen Exodus in Richtung Strand, Sonne und Sangría. Süden liegt nicht etwa *unten auf der Landkarte,* sondern überall, womöglich an der nächsten Straßenecke, denn Süden ist Utopia. Süden ist stets präsent, denn er liegt, wenn auch verschüttet, in uns selbst. Hier begegnet das klassische Motiv *on revient toujours à ses premiers amours (Volver):*

Aúnque no quise el regreso	Wollt' ich auch niemals zurück
siempre se vuelve al primer amor...	holt uns doch immer die erste Liebe ein...
Pero el viajero que huye	aber der Wanderer auf der Flucht
tarde o temprano detiene su andar.	eines Tages verlangsamt er den Schritt.

Die Erlebniswelt des Tango, wie sie sich hier präsentiert, ist nichts anderes als eine auf die Spitze getriebene Manifestation der menschlichen Befindlichkeit schlechthin. Verlust emotionaler Heimat führt zu Trauerarbeit und damit zu einer Gefährdung der Identität. Jetzt bedarf es erneuter Selbstbestätigung, die der Tango allerdings im Gestern sucht: Er hat sich an die Vergangenheit verloren. Diese nostalgische Besessenheit trägt durchaus neurotische Züge, denn sie läuft hinaus auf Realitätsverlust. Bleibt zu fragen, wie das angegriffene Selbstgefühl zu festigen ist, ohne dabei, in der Fixierung auf das Gestern, die gegenwärtige Lebenswirklichkeit zu verlieren. Für diese prekäre Situation, im paradigmatischen Fall des Emigranten bereits durch Identitätsverlust geschwächt und deshalb im sozialen Überlebenskampf vom Scheitern bedroht, gibt es allerdings einen Ausweg, den der Tango hundertfach besingt *(Arrabal amargo):*

Con ella a mi lado	Stand sie mir zur Seite
no ví tu tristeza	gab's keine Misere
tu barro y miserias.	nicht Schmutz und kein Elend
Ella era mi luz.	denn sie war mein Licht.

Spätestens an dieser Stelle drängt sich eine bisher zurückgehaltene Frage förmlich auf: Wo bleiben die Frauen?

Neben nostalgischer Empfindung und sozialem Protest ist die Gefühlswelt des Einwanderers von einem historischen Datum geprägt, das sich in den Texten des Tango niederschlagen soll: Die weibliche Hälfte der Menschheit läßt in Buenos Aires auf sich warten. In den Jahrzehnten der Immigration kommen nur etwa halb soviel Frauen wie Männer ins Land. Der statistische Befund weist zwischen 1895 und 1914 in den mittleren Altersstufen das Fehlen von jeweils 33 Frauen auf 100 Männer aus (Reichardt 1984:50). Da aber Zufall und Verweigerung bei der Partnerwahl in Buenos Aires wie überall ihre Rolle spielen, läßt sich das reale Mißverhältnis auf etwa eins zu zwei bereinigen. Schöne Aussichten, möchte man da sagen; und in der Tat, die Folgen dieses nicht eben vielversprechenden Umstandes bestimmen Mentalität und soziales Klima: Imponiergehabe, Eifersucht, Doppelmoral.

Nicht selten sind Männer bei abendlichen Tanzvergnügungen auf ihresgleichen angewiesen. Rauhe Gesellen, die sich im Schein einer Straßenlaterne komplizierten Schritten hingeben, sind im Buenos Aires der Jahrhundertwende ein gewohnter Anblick. Das öffentliche Tango-Tanzen unter Männern wird wiederholt und ziemlich erfolglos durch polizeiliche Verordnungen unter Strafe gestellt.

Doch vor allem schnellt die Prostitution sprunghaft in die Höhe, die Zahl der Prostituierten zur Jahrhundertwende wird auf ca. 30.000

geschätzt. Die gutbesuchten Bordelle von *La Boca* erfreuen sich eines legendären Rufs, und in den ärmlichen Vorstädten, den arrabales, finden sich allenthalben sogenannte *cabarés,* wo Tanz und Musik, Alkohol und käufliche Liebe in rauchgeschwängerter Atmosphäre unterhalb der Legalität eine Mischung eingehen, die etablierte Bürger lieber aus der Ferne betrachten.

Im chaotischen Dickicht der *arrabales* mischen sich Stadt und Land, einheimisches Proletariat und entwurzelte Europäer. Hier begegnet uns das oftmals literarisch verarbeitete Sujet des *compadrito*, des messerbewaffneten Spießgesellen, dessen Profil zwischen Schwerverbrecher, Platzhirsch *(taita)* und Halbstarkem schwanken kann. Seine Aufschneiderei orientiert sich am Vorbild des freien Gaucho *(compadre)*, den man nur mehr vom Hörensagen kennt. Dessen stolze Silhouette hat jedoch die Landflucht überlebt und avanciert in der Romangestalt des *Martin Fierro* von José Hernández (1872) zum nationalen Heldenmythos; allerdings zu einem Zeitpunkt, als sich die unendlichen Weiten der Pampa längst in eingezäunte *estanzias* verwandelt haben und nomadisierende Viehdiebe in schlechtbezahlte Tagelöhner. Der schließlich im Vorstadtmilieu gestrandete *compadre* ist kein Landmann mehr, aber Bürger kann und will er nicht sein. Er mutiert zum *compadrito* und hat in dieser Gestalt einen Ruf zu verteidigen: die Gesetzlosigkeit des Asphaltcowboys, der sich in bedrohlichen Situationen wohl zu behaupten weiß. Die Figur des *compadrito* wird aber zum Vorbild für Söhne der Immigranten, die als zweite Einwanderergeneration keine Ausländer mehr sind und jetzt nach sozialer Integration streben, wenn auch in einem Milieu am Rande der etablierten Gesellschaft.

Im Verein mit aus Übersee zugewanderten Ganoven und deren internationalen Beziehungen im Mädchenhandel stoßen wir in manchen Vierteln der Jahrhundertwende auf ein Zuhältermilieu, wie es im Buche steht und denn auch tausendfach kolportiert wurde. Nicht zuletzt einschlägige Texte berühmt gewordener Chansons, die hartgesottenen Halsabschneidern ein rückblickendes Denkmal setzen, haben zur Ausbildung jenes Halbwelt-Klischees beigetragen, das dem Tango bis heute anhaftet. Sein eigentliches Thema – die emotional prekäre Erfahrung einer erotischen Mangelsituation – gerät darüber in Vergessenheit.

Gescheiterte Liebe

Die erotische Beziehung ist das eigentlich dominierende Sujet der Tango-Texte. Dabei stoßen wir auf Untertöne, die man in einer lateinischen Kultur nicht vermuten sollte: Zu Unrecht gilt der Tango gemeinhin als Prototyp machistischen Gebarens, stellt sich doch hier gerade der Mann als der Betrogene und Verlassene dar. Seine Klage entlarvt ihn allerdings als Opfer einer machistischen Kultur, die mit maskuliner Schwäche wenig anzufangen weiß *(Tomo y obligo)*:

Fuerza, canejo, sufra y no llores!   Reiß dich zusammen, bloß keine Tränen
Sabés que un hombre no debe llorar.   du weißt genau, daß ein Mann niemals weint.

Doch werden solche Durchhalteparolen mit durchaus ironischem Pathos vorgetragen, denn für gewöhnlich entdeckt der Tango in männlichen Gefühlsausbrüchen keinerlei Peinlichkeit. Im Gegenteil – der zwischen Sentimentalität und Protest schwankende Text macht keinen Hehl aus der Verletzlichkeit seines Interpreten *(Cuesta abajo)*:

Bajo el ala del sombrero   Unter meines Hutes Krempe
cuántas veces embozada   zwar verstohlen, aber stetig
una lágrima asomada   eine halberstickte Träne
yo no pude contener.   ungehemmt nach oben stieg.

Den chronisch erfolgreichen *latin lover*, der von einer Beziehung zur nächsten taumelt, wird man im Tango vergeblich suchen. Die Ausbildung einer *Rodolfo Valentino-Typologie*, deren unbestreitbare Faszination eher auf männlichen Phantasien als auf realen Erlebnissen beruht, wird denn auch von den Zeitumständen der Jahrhundertwende nicht eben erleichtert, maskuline Torschlußpanik ist an der Tagesordnung *(La última)*:

Si no gano tu cariño	Gewinne ich nicht deine Liebe
ya me doy por bien perdido	kann ich mich verloren geben
ya que nunca más la vida	hält mir doch das ganze Leben
me permitirá ganar.	keine neue Chance bereit.

Daß die defizitäre Bilanz in Sachen Frauen bzw. der Männerüberschuß derartige Anwandlungen enorm begünstigen muß, liegt auf der Hand; auch die Liebe funktioniert nach dem unbarmherzigen Gesetz von Angebot und Nachfrage *(Toda mi vida)*:

Sé que mucho me has querido	Wohl hast du mich sehr geliebt
tanto, tanto como yo.	so wie ich auch dich.
Sin embargo yo he sufrido	Doch gelitten mehr als du
mucho, mucho más que vos.	sehr viel mehr – hab' ich.

Jede Phantasie männlicher Überlegenheit muß an ihre Grenzen stoßen, wenn scheinbar banale Daten der Bevölkerungsstatistik das erotische Gleichgewicht aus den Angeln heben, zugunsten der Frau und ihrer Möglichkeiten. So sind die Tango-Texte nicht von strahlenden Siegergestalten bevölkert, die ihre Eroberungen allmorgendlich im Notizbuch vermerken. Es stellen sich Verlierertypen vor, die selbst mit ihren rar gestreuten Erfolgen noch zu kämpfen haben. Denn die Flüchtigkeit der erotischen Begegnungen ist von Verlustangst begleitet. Findet die insgeheim befürchtete Trennung schließlich statt, so trauert man einer Beziehung hinterher, die keine Fortsetzung finden kann, weil sich die Partnerin verweigert hat *(La cumparsita)*:

Si supieras que muy dentro de mi alma	Wenn du wüßtest, daß tief in meinem Innern
conservo aquel cariño	mein Herz noch schlägt
que tuve para vos.	für dich.
Quién sabe si supieras	Ja, wenn du doch nur wüßtest
que nunca te he olvidado –	daß ich dich nicht vergesse
volviendo a tu pasado	als Schatten deines Gestern
te acordarás de mí.	denkst du vielleicht an mich.

Da sich aber so bald auch keine neue Beziehung einstellen will, kommt es über kurz oder lang zu einem Gefühl von Benachteiligung durch das Schicksal (*Nostalgias*):

Si su amor fue flor de un día	War ihre Liebe Eintagsblüte
¿por qué causa es siempre mía	warum nur bleibt für mich so lange
esa cruel preocupación?	bleierne Beklommenheit?

Die Antwort auf diese berechtigte Frage liegt jedoch nur zum Teil in den geschilderten Zeitumständen. Eher schon greift hier eine Dynamik, wie sie der psychoanalytischen Erfahrung vertraut ist und wie sie der Tango in zahllosen Varianten präsentiert. Die Protagonisten seiner Texte sind durchweg – bald eher latent, bald in akutem Zustand – depressiv (*La cumparsita*):

Los amigos ya no vienen	Meine Freunde
ni siquiera a visitarme	lassen sich nicht blicken
nadie quiere consolarme	und keiner, mich zu trösten
en mi aflicción.	in diesem Loch.
Desde el día que te fuiste	Seit jenem Tage, als du fortgingst
siento angustias en mi pecho	ist mein Herz so schwer.
¿decí percanta qué has hecho	Sag mal, Kleine
de mi pobre corazón?	was hast du nur aus mir gemacht?

Nicht zufällig erzählt dieser womöglich berühmteste Tango die Geschichte eines sitzengelassenen Mannes. Das Ergebnis in Gestalt einer handfesten Depression malt der Text in allen Schattierungen aus (*La cumparsita*):

Y aquel perrito compañero	Und mein Freund, der kleine Hund
que por tu ausencia no comía	der nicht fraß, weil du nicht kamst
al verme solo el otro día	als er mich verlassen sah
también me dejó.	eines Tages ging auch er.

Das Gefühl des Alleingelassenseins überträgt sich auf alle Bereiche und beherrscht schließlich den gesamten Lebensvollzug. Die einseitige Aufkündigung der Beziehung seitens der geliebten Frau ist jedoch nur auslösendes Moment einer emotionalen Katastrophe, in deren Verlauf der Protagonist aufkommende Aggressionen gegen sich selber richtet. Diese Kapitulation des Selbstgefühls angesichts der Zurückweisung bedarf in jedem Fall einer Vorgeschichte, oder besser: einer Disposition, die man gemeinhin als *depressiv* bezeichnet.

Weit entfernt von Selbstgenügsamkeit oder emotionaler Autarkie sucht die depressive Persönlichkeit ein Pendant, ohne das sie nicht auszukommen meint. Mehr noch: Ihrem Lebensgefühl hat sich eingeprägt, daß sie allein nicht zu existieren vermag – und dies auch nicht will. Deshalb versucht sie es gar nicht erst, bleibt vielmehr bewußt oder unbewußt immer auf der Suche nach dem geliebten Subjekt und weitgehend resistent gegenüber Ersatzlösungen aller Art, die das Leben ansonsten in Gestalt von Macht, Erfolg und materiellen Vorteilen bereithalten mag *(Qué falta que me hacés)*:

Si vieras que ternura que tengo para darte	Sähest du nur meine Zärtlichkeit für dich
capaz de hacer mundo y dartelo después.	die eine Welt erschaffen kann, sie dir zu schenken.

Mit dieser Ausgangslage verstärkt sich jedoch zweierlei: einerseits die im historischen Fall des Tango durch äußere Umstände begünstigte Angst vor dem Verlust; daneben aber die übermäßige Wertschätzung eines geliebten Wesens, das unser Protagonist selten besitzt und meistens erträumt, immer aber zur Aufrechterhaltung seines emotionalen Gleichgewichtes dringend benötigt *(Sin lágrimas)*:

¿Qué me importa de la vida	Was ist mir das Leben
si mi vida está en tus ojos?	liegt mein Leben in deinen Augen?

Rückt die Erfüllung dieser symbiotischen Sehnsucht in greifbare Nähe, so werden mit hochgradiger Verliebtheit enorme Energien mobilisiert *(Cuesta abajo)*:

Era para mí la vida entera	Sie war für mich das ganze Leben
como un sol de primavera	wie die helle Frühlingssonne
mi esperanza y mi pasión.	meiner Hoffnung Leidenschaft.
Sabía que en el mundo no cabía	Sie wußte, daß die Welt nicht faßte

toda la humilde alegría
de mi pobre corazón.

jene bodenlose Freude
an der mein armes Herz zerbarst.

Symbiotische Hingabebereitschaft gipfelt zuweilen in Geborgenheits-
phantasien, die Todessehnsucht heraufbeschwören *(Pasional):*

Te quiero siempre así
estás clavado en mí
como una daga en la carne
y ardiente y pasional
temblando de ansiedad
quiero en tus brazos morir.

So will ich dich für immer
in mir verankert bist du
wie ein Schwert im Fleisch
brennende Leidenschaft
mit zitternder Begierde
will ich in deinen Armen sterben.

Dennoch endet die *love story* des Tango früher oder später immer
tragisch – jedenfalls für die Protagonisten seiner Texte. Was die Frau
betrifft, so phantasiert der verlassene Mann zumeist ihre glückliche
Zukunft an der Seite eines anderen, sofern er der ehemaligen Geliebten nicht Jahre später in Gestalt einer mittlerweile heruntergekommenen Prostituierten wiederbegegnet: Rache des Schicksals. Auf
weiten Strecken ist der Tango vollauf damit beschäftigt, die trauma-
tischen Folgen des Alleingelassenseins zu verarbeiten *(Toda mi vida):*

Siento que me voy muriendo
por tu olvido, lentamente
y en el frío de mi frente
tus besos no dejarás.

Spüre, wie ich langsam sterbe
weil du mich vergessen hast
und auf meiner kalten Stirne
bleibt von dir kein Kuß zurück.

Das angesprochene Moment kindlicher Hilflosigkeit deutet auf eine
geradezu infantile Sehnsucht nach Geborgenheit, die sich im akuten
Fall der Trennung grausam enttäuscht sieht *(Malena):*

Tus tangos son criaturas abandonadas
que cruzan sobre el barro del callejón
cuando todas las puertas están cerradas
y ladran los fantasmas de la canción.

Verlass'nen Kindern gleich sind deine Tangos
die hin und her den Schmutz der Gasse kreuzen
wenn alle Türen längst verschlossen sind
und in den Liedern nur Gespenster lamentieren.

43

Es erübrigt sich, das Wissen der Psychoanalyse zu bemühen, die den Erwerb einer depressiven Veranlagung in frühkindlicher Entwicklung lokalisiert, genauer gesagt: in der oralen Phase des ersten Lebensjahres. Das vom Tango selbst annoncierte Motiv des verlassenen Kindes spricht eine klare Sprache. Seine Texte präsentieren eine maskuline Typologie des Zukurzgekommenen, dessen Verlustängste durch neue Erlebnisse stets bestätigt und damit revitalisiert werden. Die Argumentation des Tango reibt sich an diesem – freilich unbewußten – Konflikt und sucht in steter Durcharbeitung traumatischer Situationen eine Erklärung, die das angegriffene Selbstgefühl womöglich stabilisieren könnte, wie der folgende Interpret im Zwiegespräch mit seinem Instrument, dem Bandoneon (*Fueye*):

Vamos, no hay que perder la cabeza.	Jetzt bloß nicht den Kopf verlieren
Vamos, que tú y yo sabemos muy bien	denn beide wissen wir genau
que no hay que hacer:	daß nichts zu machen ist.
Que ya se fue de nuestro lao	Sie hat uns nämlich sitzen lassen
y a los dos nos ha tirao	und in der Ecke abgestellt
al rincón de los recuerdos muertos.	wo tote Souvenirs sich türmen.

Nicht im Alleinsein liegt also das Problem, sondern im Alleingelassenwerden. Die unfreiwillige Trennung ist der neuralgische Punkt. Deshalb zelebriert der Tango die Situation des gewaltsamen Abschieds in unzähligen Versionen (*Los mareados*):

Hoy vas a entrar en mi pasado	Heute schon bist du mein Gestern
en el pasado de mi vida.	liegst im Schatten meines Lebens.
Tres cosas lleva mi alma herida:	Drei Dinge fühlt mein krankes Herz:
amor, pesar, dolor.	Liebe, Reue und Schmerz.

Gewiß: Die Bilder gleichen sich. Ähnlich dem bereits geschilderten Motiv der verlorenen Heimat tut sich der Tango auch in Sachen gescheiterte Liebe schwer mit dem Vergessen; und auch hier begegnet ein bereits vertrautes Sujet – die nostalgische Empfindung (*Nostalgias*):

Nostalgias, de escuchar su risa loca	Sehnsucht – hast ihr irres Lachen noch im Ohr
y sentir junto a mi boca	und an deinem Mund wie Feuer

como un fuego su respiración.	streift ihr Atem dein Gesicht.
Angustias, de sentirme abandonado	Angst – denn du fühlst dich ganz verlassen
y pensar que otro a su lado	und ein and'rer ihr zur Seite
pronto, pronto le hablará de amor.	jetzt vielleicht von Liebe spricht.
Hermano, yo no quiero rebajarme	Alter Freund – ich will die Knie nicht beugen
ni pedirle, ni llorarle	will nicht klagen und nicht weinen
ni decirle que no puedo más vivir.	ihr nicht sagen, daß ich nicht mehr leben kann.

Einsamkeit und Stolz ringen miteinander. Der Text gleicht einem psychoanalytischen Bericht. Da wird nicht bewußtlos lamentiert, sondern präzise geschildert, wie es zur inneren Krise kam. Auch mit dem Ergebnis hält der Tango nicht hinter dem Berg. In einer Situation des schonungslosen Zurückgeworfenseins auf sich selbst stößt der Protagonist auf das Strickmuster seiner Existenz: das Nichtlebenkönnen ohne Spiegelung und damit Bestätigung durch ein Gegenüber, das sich allerdings verabschiedet hat. Angesichts der weiblichen Zurückweisung treffen den depressiven Mann nicht allein Selbstzweifel, er muß sich eingestehen, daß er seine Identität verloren hat (Total pa' qué sirvo):

¿Total pa' qué sirvo?	Wozu bin ich nütze?
Sin ella mi vida no es vida no es vida ni es nada	Ohne sie ist mein Leben kein Leben, kein gar nichts
No sé más quien soy.	weiß nicht mehr, wer ich bin.
¿Total pa' qué siro?	Wozu bin ich nütze?
Si mi alma está herida	Den Stachel im Herzen
si no hay madrugada que me halle durmido	ist da kein Morgen, der schlafend mich träfe
si me encuentro perdido	ich find' mich verloren
no sé más quien soy.	weiß nicht mehr, wer ich bin.

Bereits das erste von Gardel aufgezeichnete Tango-Chanson *Mi noche triste* (1917) handelt von der nostalgischen Erinnerungswelt des sitzengelassenen Mannes. Doch wäre das Panorama zurückgewiesener Liebe nicht vollständig ohne ein weiteres Moment, das für die gelungene Verarbeitung des angezeigten emotionalen Konfliktes unverzichtbar ist (*Como nos cambia la vida*):

No te bastaba mi cariño	Meine Liebe reicht dir nicht
y me dan ganas de ahogarte	möchte dich erwürgen

pero es tan blanco tu cuello	aber ist dein Hals so weiß
que termino por besarte.	daß ich mit Küssen ende.

Die nach außen gekehrte Aggression gehört ebenfalls zur Klaviatur des Tango *(Tomo y obligo)*:

Y le juro todavía	Und ich schwöre, noch bis heute
no consigo convencerme	will ich mich kaum überzeugen
como pude contenerme	wie ich mich beherrschen konnte
y ahí nomás no la maté.	auf der Stelle sie zu töten.

Frau ist also ihres Lebens nicht mehr sicher. Die im depressiv veranlagten Mann schlummernde Verlustangst bricht im akuten Fall der Trennung erneut hervor und mobilisiert nicht allein kindliche Gefühle der Hilflosigkeit, sondern einen ebenso infantilen Groll – um so mehr, wenn ein anderer Mann im Spiel ist und die Umstände der Zurückweisung mit einiger weiblicher Perfidie eingefädelt wurden; oder zumindest vom verlassenen Mann so erlebt werden, in einem emotionalen Potpourri aus Angst und Eifersucht *(Rencor)*:

No repitas nunca	Sag bloß nicht weiter
lo que voy a decirte:	was du hier von mir hörst:
Rencor, tengo miedo	Groll, ich hab' Angst
de que seas amor.	du könntest Liebe sein.

Die unkontrolliert auf das weibliche Gegenüber gerichtete Aggression bleibt jedoch bei weitem die Ausnahme, denn für gewöhnlich identifiziert der Tango den unbändigen Haß treffsicher als pervertiertes Spiegelbild der Liebe *(Quién lo había de pensar)*:

Ese amor crucificado	Die Passion, ans Kreuz geschlagen
en el fuego del querer	von der Liebe Leidenschaft
es culpable de que hoy	ist dran schuld, daß ich bis heute
por olvidar recuerdo más.	im Vergessen neu mich sehne.

Trotz versöhnlicher Untertöne allenthalben bleibt jedoch als Problem, ein mittlerweile unliebsames Kapitel ein für allemal zu beenden. Hier beweist eine bereits angesprochene Konstante des Tango ihre ganze Hartnäckigkeit: die Fixierung auf das Gestern. Haben sich die realen Möglichkeiten offensichtlich erschöpft, hat sich das Gegenüber auch noch so drastisch verabschiedet, unser Protagonist bastelt weiter an den positiven Aspekten einer Vergangenheit, von der er sich nicht zu lösen vermag *(Llorar por una mujer)*:

Llorar, llorar por una mujer	Wenn du weinst um eine Frau
es quererla y no tenerla	sie zu lieben ohne sie zu haben
llorar, llorar por una mujer	wenn du weinst um eine Frau
es moribundo padecer	wirst du vor Elend sterben.

Noch für lange ist ihm das mit Orten und Situationen verknüpfte nostalgische Gefühl Anlaß zu einer Wiederbelebung des Gestern; daß er die gescheiterte Liebe wie einen Albtraum fortwischen möchte, hilft da wenig *(Garúa)*:

Y por más que quiera odiarla	Will ich sie unbändig hassen
desecharla y olvidarla	ausradieren und vergessen
la recuerdo más.	denk' ich um so mehr an sie.

Selbst eine quälende Erinnerung ist dem Herzen näher als die sozusagen emotional neutralisierte Gegenwart. Offenbar ist die Vergegenwärtigung einmal erfahrener Geborgenheit trotz ambivalenter oder weitgehend negativer Empfindungen immer noch befriedigender als die Konfrontation mit dem, was der Tango *ausencia* nennt und allem Anschein nach am schwersten ertragen kann: die Abwesenheit des Gegenübers. Folglich kreisen die Gefühle und Gedanken um das verlorene Objekt der Hingabe und beziehen hieraus, so paradox es klingt, trotz allem eine gewisse Stabilisierung des angegriffenen Selbstgefühls. Der Wiederholungskreislauf des Tango zeugt von Besessenheit und trägt zwanghafte Züge, wie sie in zahlreichen Chansons ungeschminkt zutage treten *(Por la vuelta)*:

La historia vuelve a repetirse	So wiederholt sich die Geschichte:
mi muñequita dulce y rubia	mein kleines Mädchen, blond und zärtlich
el mismo amor, la misma lluvia	dieselbe Liebe und der gleiche Regen
y el mismo, mismo loco afán.	und immer noch derselbe Wahn.

Die Erlebniswelt des Tango folgt einem paradoxen Motiv: Eine verlorene Liebe ist für ihn besser als keine. Weil er in der erotischen Beziehung die Erfüllung seiner Lebensfrage sieht und die Projektions-
fläche des weiblichen Spiegels braucht, ist ihm die Erinnerung oder
Illusion einer positiven Antwort durch das Gegenüber näher als der
nackte Rückzug auf sich selbst. Selbst im Spiegel einer schmerzli-
chen Liebeserfahrung erlebt er sich positiver als im Alleinsein. Zwar
kann er sich von gescheiterten Beziehungen verabschieden und hält
die folgende Durststrecke der Einsamkeit notgedrungen lange durch
– nur vergessen kann er nicht. Auf ihn wartet die schmerzliche Aufgabe, sich nicht allein vom realen Gegenüber zu verabschieden, sondern mehr noch von jenen Projektionen seiner Wünsche, die er in
der Frau festgemacht hat. Wenn der Spiegel erblindet ist, fällt das
Motiv seiner Leidenschaft auf ihn zurück und das Kartenhaus der
Symbiose in sich zusammen. Es bleibt stets eine von Groll und Protest begleitete Nostalgie, die erhebliche Energien bindet und in den
Tango-Texten als zwanghafte Wiederholung zelebriert wird, bis sich
ein neues Gegenüber einstellen mag und neue Erfahrung ein altes
Trauma überlagert.

Alles in allem also eine triste Szenerie, der die in Moll gehaltenen
Akkorde dieser Musik vollauf entsprechen. Allerdings ist auch dies
wiederum nur eine, wenn auch bislang dominante Facette des Tango; denn im Unterschied zum depressiven Neurotiker verweigert sich
sein Protagonist nicht endgültig der Realität. Er bleibt vielmehr Herr
seiner Handlungen und ist durchaus in der Lage, eine aussichtslose
Beziehung auch seinerseits zu beenden – jedenfalls nach außen.

Es ésta la puerta, andáte pa' siempre	Hau ab und für immer, du findest die Türe
no quiero que vengas pidiendo perdón.	und wenn du auch bittest, es gibt kein Pardon!
No quiero tus besos ni tus juramentos	Ich will keine Küsse und will keine Schwüre
no quiero mentiras, no quiero traición.	Ich will keine Lügen und keinen Verrat.
Igual como a tantas te quise a mi lado	Wie manch andere sah ich dich an meiner Seite

pero hoy la comedia ya tiene su fin.	doch diese Komödie, heut' endet sie schon.
Andáte, no quiero volver al pasado	Verschwinde, ich will nicht zurück in mein Gestern
vos fuiste ruina de un berretín.	du bist die Ruine einer Illusion.

Weder spielt er also auf Dauer die Rolle des kindlich Hilflosen, den man nicht verlassen darf, noch sucht er in der Partnerin ein ihm höriges Duplikat, das er im Kerker seiner Liebe festsetzen könnte. Beides wären Wege, die Verlustangst zu besänftigen, die der Tango indes nicht beschreitet. Dafür zahlen seine einsamen Protagonisten den nicht geringen Preis einer zermürbenden Trauerarbeit.

Das emotionale Profil des Tango speist sich aus einer historisch einmaligen Erfahrung. Was gemeinhin als individuelles Schicksal eines mißglückten Lebens in Erscheinung tritt, mithin als vereinzelte persönliche Tragik, trifft am La Plata über Jahrzehnte hinweg Abertausende von Zuwanderern: Heimatverlust und soziale Marginalisierung. Je mehr und je häufiger aber der eigene Existenzvollzug als Scheitern erlebt wird, desto intensiver auch die Suche nach einer Kompensation, einem Ausweg in Gestalt erotischer Bindungen, die allerdings in jeder Beziehung teuer erkauft werden. Für den Mann am La Plata sind Situationen von Zurückweisung, Trennung und Abschied nicht etwa Einzelfall, sondern die Regel und hinterlassen ihre Spuren als depressive und zwanghafte Symptomatik. Das Zusammentreffen sozialer und demographischer Faktoren (Frauenmangel) führt zu einem permanenten emotionalen Kontrast und Leidensdruck, der schließlich im Tango sein Ventil und zugleich einen verständnisvollen Beichtvater findet. Bereits nach Ablauf von rund einer Generation wird die musikalische und literarische Botschaft dieser Kontrasterfahrung zu einem spezifischen Merkmal des Tango-Genres. Sein emotionaler Gehalt löst sich somit von historischen Umständen und findet zu Formulierungen, die seither universal zugänglich und verständlich sind.

Begnügte sich der Tango jedoch mit einer musikalischen Zelebration der Abwesenheit, so wäre er nicht, was er ist. Neben seiner nostalgisch-depressiven Grundströmung schlägt er neue Töne an und präsentiert sich streckenweise in einer Aufmachung, die wir *existentialistisch* nennen.

Protest gegen das Schicksal

Sin piel

Ya sé, llegó la hora	Ich weiß: Es ist schon Zeit
de archivar el corazón	mein Herz zu archivieren
de hacer con la ilusión	und aus der Hoffnung,
que no me va servir	die zu nichts mehr nütze ist
un lindo paquetito	ein hübsches Päcklein jetzt zu schnüren
con una cinta azul	mit einer blauen Schleife drum
guardarlo en el baúl	und abgelegt in einer Truhe
y no volverlo abrir.	die so schnell keiner öffnen wird.
Es hora de matar los sueños	Es ist wohl Zeit, die Träume abzutöten
es tiempo de inventar coraje	und neuen Mut sich auszudenken
para iniciar el largo viaje	um jetzt die lange Reise anzutreten
por un gris paisaje	durch eine graue Landschaft
sin amor.	ohne Liebe.

Der Tango weicht den Realitäten nicht aus. Weil er seine Erwartungen an das Leben niemals aufgegeben, statt dessen sich anbietende Ersatzlösungen oder Kompensationen ausgeschlagen hat, ist sein Protagonist der Witterung mit einiger Schonungslosigkeit ausgesetzt; seine Lebenserfahrung ist auf weiten Strecken geprägt vom emotionalen Kontrast zwischen Traum und Wirklichkeit. Früher oder später löst sich die Perspektive des Tango jedoch von den Stationen vorübergehender Enttäuschung und nimmt das ganze Leben in den Blick (*Uno*):

Uno busca lleno de esperanzas	Mancher sucht voll Hoffnung
el camino que los sueños	das Ziel seiner Träume
prometieron a sus ansias.	die Erfüllung einer Sehnsucht.

Sabe que la lucha es cruel	Und er weiß: der Weg ist steinig
y es mucha	und ist lang
pero lucha y se desangra	doch er kämpft und blutet aus
por la fé que lo empecina.	für den Glauben, der ihn treibt.
Uno va arrastrándose entre espinas	Mancher schleppt sich weiter über Dornen
y en su afán de dar su amor	und voll Eifer, sich zu geben
sufre y se destroza hasta entender	leidet er und ruiniert sich, bis er spürt
que uno se ha quedado sin corazón.	daß sein Herz auf der Strecke blieb.

Weniger abgeklärt und weitaus emotionaler heißt es an anderer Stelle *(La última curda):*

Ya sé, no me digás – tenés razón	Ich weiß – hör auf – du hast ja recht
la vida es una herida absurda	das Leben ist eine einz'ge Wunde, so absurd
y es todo, todo tan fugaz	alles so flüchtig, aber alles
que es un lamento, nada más	und auch ein Lamentieren nur
mi confesión.	ist diese Beichte.

Da hat sich einer (oder mancher) offenbar zuviel zugemutet und tut sich jetzt zunehmend schwer, das überladene Vehikel seiner Existenz auf der Strecke zu halten. Warum dies so kam? Der Tango gibt sich selbst die Antwort *(Uno):*

Precio de castigo del destino que uno entrega	Strafe des Schicksals, die mancher zahlt
por un beso que no llega,	für den Kuß, der nie kam
por un amor que lo engañó.	für eine Liebe, die ihn betrog.

Ein wenig simpel, möchte man da einwenden. Das Schicksal, ohnehin beliebtester Sündenbock für alles und jedes, soll also herhalten. Zudem wäre diese Lösung reichlich bequem, denn Schicksalsschläge sind bekanntlich unabänderlich und deshalb bestens geeignet, die persönliche Verantwortung zu entlasten: im vorliegenden Fall etwas vorschnell. Doch ist das Schicksal in der Perspektive des Tango nicht jene grausame Vorsehung, die alles willkürlich determiniert und die einen auf Rosen bettet, andere hingegen über Dornen führt. Die Lebensphilosophie des Tango folgt allem Anschein nach einem *existentialistischen* Konzept.

Damit benennt man für gewöhnlich eher unscharf eine weltanschauliche Strömung deutscher, französischer oder skandinavischer Prägung, die in den fünfziger Jahren kurzzeitig in Mode kam, in Kunst und Literatur vorübergehend ein lebhaftes Echo fand und mittlerweile als reichlich angestaubt gilt (letzteres könnte sich künftig wieder ändern). Trotz erheblicher Differenzen unter verschiedenen existenzphilosophischen Entwürfen läßt sich das gemeinsame Anliegen kurz auf den Punkt bringen:

Als einzig gesichertes Datum menschlicher Existenz gilt – neben der Geburt – der Tod; was dazwischen liegt, sind in erster Linie Möglichkeiten, die man ergreifen oder versäumen kann. Diese Spielarten der Existenz kommen aber nicht aus dem Tode, sind vielmehr Möglichkeiten des Lebens, das allerdings nur im Horizont des Todes zu bewältigen ist. Aus dieser Haltung ergibt sich einerseits die Freiheit, scheinbare Sicherheiten in Frage zu stellen, und daneben ein tiefes Mißtrauen gegenüber den Konventionen einer Gesellschaft, die den Tod als erste und letzte Möglichkeit der Existenz permanent aus dem Bewußtsein drängt. Der Mensch gleicht unter dieser Perspektive einem Ritter, der im Schachspiel mit dem Tod seine Dame bereits verloren hat. Er weiß, daß er nicht gewinnen kann, wirft aber die Flinte nicht vorschnell ins Korn, sondern versucht, sein Geschick mit Anstand zu meistern. Ähnlich dem argentinischen Tango wurde auch die existentialistische Bewegung zur Zielscheibe abenteuerlicher Karikaturen: schwarzgekleidete Caféhausexistenzen, die – den entsicherten Revolver stets in der Tasche – mit nekrophiler Düsternis darüber meditieren, ob sie den nächsten Tag noch überleben sollen.

Nicht wenige, vor allem späte Tango-Texte tragen unübersehbar existentialistische Züge und sind weithin geprägt von der französischen Variante dieser philosophischen Strömung, wie sie von Discépolo vorweggenommen wurde. Nicht etwa, daß hier, genausowenig wie im Existentialismus, der Tod im Mittelpunkt stünde: Das Leben ist und bleibt Thema des Tango. Doch sieht er in ihm vor allem jene Möglichkeiten, die genutzt oder verspielt werden und sich zudem mit fortschreitender Zeit langsam aber stetig einschränken. Erst der Blick auf den zurückgelegten Lebensweg offenbart schließlich den inneren Zusammenhang aus Möglichkeit und Realität. Hier zeigt sich dann, warum das Leben so und nicht anders verlaufen konnte, und damit das Schicksal der eigenen Existenz. Was daraus folgt, ist schlimmstenfalls eine Lebensphilosophie, die nicht jedem behagen mag *(Ser)*:

Todas las cosas que soñé	Alles, wovon ich einst geträumt
poder un día realizar – vivir	mir eines Tages zu erfüllen – Leben.
fueron muriendo	All das starb schon bevor es je
sin nacer	das Licht der Welt erblickt
y ya no es tiempo de esperar:	und Zeit zu warten bleibt nicht mehr:
No pudo ser.	Es hat nicht sollen sein.

Das eigentliche Thema des Tango ist die Zeit. Zugegeben, diese Feststellung scheint einigermaßen banal, denn die Zeit ist das große Fragezeichen des Lebens schlechthin: Ohne den Tod gäbe es keine Zeit. Leben ist Zeit vor dem Tod und damit Zeit, die sich verliert – gerade deshalb ist sie Thema des Tango. Was in der Umtriebigkeit unserer täglichen Existenz verdrängt wird, in der extremen Erfahrung des Tango steht es klar vor Augen: die Flüchtigkeit des Lebens.

Der späte Tango – Philosophie der gescheiterten Existenz? Diese Definition hat einiges für sich. Das Leben ist zum Scheitern verurteilt, noch ehe es begonnen hat. Der Tod ist die eigentliche Bedrohung des Selbstgefühls, dagegen gibt es keine Medizin. Die Kränkungen des Lebens – Enttäuschung, Krankheit und Altern – sind nur das vorweggenommene Echo einer endgültigen Herausforderung, der man sich so oder anders zu stellen hat; auch die Vermeidung dieser Frage ist bereits eine Antwort. Allerdings: Es kommt jetzt darauf an, wie man sich angesichts dieser Unausweichlichkeit verhält. Und auch hier bleibt sich der Tango wiederum treu und sucht nach Erklärungen, die er nur finden kann in einer Abrechung mit der eigenen Existenz *(Desencuentro)*:

Estás desorientao y no sabés	Du bist verstört und weißt nicht mal
Que trole hay que tomar	auf welchen Zug du springen kannst
para seguir.	damit es weitergeht.
Y en este desencuentro con la fé	Und ganz verquer zu deinem Glauben
querés cruzar el mar	willst du jetzt wandeln über's Meer
y no podés.	und weißt nicht wie.

Hier treffen wir unseren Protagonisten in einer wenig beneidenswerten Situation, zeigt er doch alle Anzeichen einer Midlife-Krise, in diesem Fall entzündet am hautnahen Kontrast zwischen Erwartung und Realität:

La araña que salvaste te picó	Die Spinne stach, die du gerettest hast
qué vas a hacer?	was willst du machen?
Y la mujer que ayudaste	Und diese Frau, der du geholfen hast
te hizo mal – dale nomás!	sie tat dir weh – hau einfach drauf!
Y todo el carnaval de vida pisoteó	Und dieser ganze Karneval von Leben
la mano fraternal	zertrampelt jene Freundeshand
que Dios te dió.	die Gott dir mitgegeben.

Das Leben, so der Vorwurf, ist ungerecht: Gute Absichten werden schlecht vergolten, selbstlose Freundlichkeit zahlt sich nicht aus. Eines Tages kommt das Faß dann zum Überlaufen. In seiner Antwort auf die Widerwärtigkeiten menschlicher Existenz schwankt der Text einmal mehr zwischen Hilflosigkeit und Aggression. Schließlich heißt es kurz und bündig (*Desencuentro*):

Creíste en la honradez	An Ehre und Moral
y en la moral – qué estupidez!	hast du geglaubt – schön blöd!
Por eso en tu total fracaso de vivir	Im Scheitern deiner Existenz am Schluß
ní el tiro del final te va salir.	gelingt dir nicht einmal der letzte Schuß.

Offensichtlich sind die Koordinaten des inneren Weltbildes gründlich durcheinandergeraten. Und erst spät gesteht sich unser Protagonist seinen Irrtum ein: Das Leben funktioniert anders, als er dachte. Die Schuld sucht er jedoch vor allem bei sich selbst – in der Naivität seiner Erwartungen. In *Desencanto*, gewidmet seiner Lebensgefährtin und Interpretin, der Sängerin Tania, zieht Discépolo alle Register:

Qué desencanto más hondo,	Trostloser kann man nicht sein
qué desconsuelo brutal!	noch brutaler enttäuscht
Qué ganas de echarse en el suelo	und Lust, sich zu Boden zu werfen
y ponerse a llorar...	einfach zu heulen...
La vida es tumba de ensueños	Das Leben – die Gruft meiner Träume

| con cruces que – abiertas | Kreuzweg ohne Ziel |
| preguntan: ¿pa'qué? | der mich fragt: Wozu? |

Ein weiterer Text aus anderer Feder inventarisiert eindrucksvoll das überschwere Gepäck eines enttäuschten Lebens *(Equipaje)*:

Mucho llevo y más no quiero	Trag' schon vieles, kann nichts Neues
ya completan mi equipaje:	zum Gepäck hinzu gebrauchen:
Un amor color de cielo	Eine himmelblaue Liebe und
y un rencor lleno de sangre.	blutrot von Groll getränkt
Un sobrante de ternura	noch ein Rest an Zärtlichkeiten
que no tuvo en quién quedarse	die nicht fanden, wem sie galten
y un dolor que por constante	und ein Schmerz, der schon seit langem
no me quiso abandonar.	nicht mehr von mir weichen will.

Eines der bekanntesten Discépolo-Lieder wiederholt diese Anklage. Im Mittelpunkt steht auch hier Ernüchterung und Verzweiflung über das Scheitern einer stets enttäuschten Erwartung *(Yira ... yira)*:

Verás que todo es mentira,	Dann merkst du: alles nur Lüge
verás que nada es amor	von Liebe ist keine Spur.
Que al mundo nada le importa	Der Welt ist alles egal
Yira ... yira.	drum läuft sie einfach so rund.
Aunque te quiebra la vida	Wenn dich das Leben zerbricht
auenque te muerda un dolor	und wenn ein Schmerz an dir zehrt
no esperes nunca una ayuda	erwarte bloß keine Hilfe
ni una mano, ni un favor.	und keinen Beistand und keine Hand.

Allerdings stößt auch die Leidensfähigkeit des Tango früher oder später an ihre Grenzen. Auf ihrem mit Ernüchterung gepflasterten Weg suchen seine Figuren Schutz vor Enttäuschung und präsentieren sich am Ende in einem Zustand emotionaler Vereisung *(Sin piel)*:

Voy a aprender a llorar sin sufrir	Ich will jetzt lernen weinen ohne leiden
sin detenerme a mirar una flor	und ohne eine Blume anzuschau'n
a encallecer lentamente	will ich dann langsam meiner Wege geh'n
como la gente	wie jene Leute um mich her

sin alma y sin voz...	die keine Seele haben, keine Stimme...
Y caminar narcotizado	Wie unter Drogen will ich weiterschreiten
por un mundo helado	durch eine längst erstarrte Welt
sin amor.	ganz ohne Liebe.

Soweit muß es nicht kommen. Um sich an den Wechselfällen des Lebens nicht vorzeitig aufzureiben, besinnt sich unser Protagonist auf das Realitätsprinzip *(Tarde:)*

Tarde me di cuenta que al final	Spät hab' ich gemerkt
se vive igual fingiendo	daß man mit Lügen leben kann
Tarde comprobé que mi ilusión	spät erst eingeseh'n
se destrozó queriendo.	daß meine Hoffnung mit der Liebe starb.

Dem depressiven Empfinden – Grundstimmung des Tango – entspricht eine gesteigerte Erwartung an das Entgegenkommen der anderen. Der in einer frühen Phase durch Zurückweisung oder Desinteresse im Stich Gelassene erwartet lebenslang seine Rehabilitierung.

Allerdings richtet sich diese Forderung im bewußten Vollzug nicht an die Urheber des Problems in Gestalt frühkindlicher Bezugspersonen, sondern überträgt sich unwillkürlich auf die gesamte Bandbreite sozialer Kontakte. Eine sich wiederholende Erfahrung von Ausgrenzung und Ambivalenz begleitet das depressive Lebensgefühl. Distanzierung seitens der sozialen Umgebung, sei sie real erfahren oder lediglich phantasiert, bleibt stets ein neuralgischer Punkt und rührt an die offene Wunde eines alten Traumas: das unverschuldete Verlassenwerden. Dem entspricht wiederum eine zumeist unausgestandene und desto tiefere Sehnsucht nach menschlicher Nähe, die in symbiotische Hingabebereitschaft münden kann. Die depressive Existenz ist der Prototyp eines religiös veranlagten Menschen.

Die Figuren des Tango sind gefallene Engel: Ehemalige Optimisten und verhinderte Romantiker, die von der Unverbindlichkeit ihrer Umgebung enttäuscht wurden. Die damit einhergehende permanente Kontrasterfahrung auf dem Hintergrund hoher Erwartung führt schließlich zu einem Realismus, der sarkastische Züge trägt *(Madreselva)*:

Así aprendí que hay que fingir	So lernte ich: Es gilt zu heucheln
para vivir decentemente.	wenn man gemächlich leben will.
Que amor y fé mentiras son	Liebe wie Glaube sind erlogen
y del dolor se ríe la gente.	die Leute lachen über deinen Kummer.

Tonangebende Züge von Bitterkeit, wie sie der Tango-Poesie eigen sind, präsentieren sich stets als Echo auf die Enttäuschung; insofern weisen sie nach wie vor auf positive Erwartungen gegenüber dem Leben. Der Tango thematisiert die Mentalität des Ausgegrenzten, der seine Selbstachtung nicht verloren hat und sich allem zum Trotz niemals ganz geschlagen gibt. Bei aller sentimental-nostalgischen Empfindung verhindert jedoch seine existentialistische Grundströmung, daß man ihn den zahllosen in Lateinamerika verbreiteten Varianten einer musikalischen Romantik zurechnen könnte *(Maquillaje)*:

No...	Nein
ni es cielo ni es azul	nicht Himmel und kein Blau
ni es cierto tu candor	und weiße Unschuld nicht

ni al fin tu juventud.	und keine Jugend auch.
Tú compras el carmín	Dein Wangenrouge erkauft
y el pote de rubor	in Dosen voller Scham
que tiembla en tus mejillas	die im Gesicht dir kleben.
y ojeras con verdín	Lidschatten von Smaragd
para llenar de amor	soll deiner Maske Ton
tu máscara de arcilla.	den Klang von Liebe geben.

Die Erfahrung des Tango setzt sozusagen eine Stufe tiefer an, denn er reibt sich an einer permanenten Kluft zwischen Anspruch und Wirklichkeit des Lebens *(Che, bandoneón):*

Tu canto es el amor que no se dió,	Dein Klang ist wie die Liebe, die nicht kam
y el cielo que soñamos una vez.	der Himmel, den wir einmal uns erträumt.
Y el fraternal amigo que se hundió	Und wie er unterging, der gute Freund
cinchando en la tormenta de un querer.	ächzend im Schiffbruch einer Leidenschaft.

Mancher Text gleicht dem Erfahrungsbericht eines Schiffbrüchigen, der den Orkan nur knapp überlebt hat. Paradoxerweise offenbart der Tango jedoch gerade hier seine positive Philosophie: Wer sich nicht aufgeben will, muß Leid in Kauf nehmen *(Naranjo en flor):*

Primero hay que saber sufrir	Vor allem aber mußt du leiden können
después amar, después partir	dann kommt die Liebe, dann der Abschied
y al fin andar sin pensamiento.	an nichts mehr denken dann zum Schluß.
Perfume de naranjo en flor	Nur ein Hauch von Orangenblüte
promesas vanas de un amor	wie jene Schwüre einer Liebe – flüchtig
que se escaparon con el viento.	und längst vom Wind dahingetragen.

Die enorme Leidensfähigkeit des Tango, dokumentiert in zahllosen Liedtexten, zeigt uns, daß sein Protagonist das eigene Selbst trotz allem niemals eingebüßt hat. Gewiß: Er mußte leiden, weil er der allenthalben sich anbietenden Ersatzlösung seiner Lebensfrage widerstanden hat. Doch der Tango wurde ihm zur Therapie, die ihm in ständiger Konfrontation mit dem eigenen Gestern seine Situation erklären konnte. So blieb er bewahrt vor jener fatalen Vergeßlichkeit, die man auch *Verdrängung* nennt.

Die Frau im Tango

Im Jahre 1935, wenige Wochen vor seinem Tod auf dem Flugplatz der kolumbianischen Stadt Medellín, dreht Carlos Cardel in New York den Leinwandstreifen *Tango Bar*, der in gewisser Weise sein Vermächtnis darstellt. Entscheidenden Anteil am Erfolg dieses Musikfilms hat der Textdichter Alfredo Le Pera, der im Schatten Gardels arbeitet und mit dem Sänger im brennenden Flugzeug stirbt. Aus seiner Feder stammen einige der berühmtesten Tango-Titel, wie auch der folgende Liedtext aus Tango-Bar *(Por una cabeza)*:

Por una cabeza de un noble potrillo	Auf ein Pferd aus edler Zucht
que justo en la raya afloja al llegar	das um ein Haar den Sieg verfehlt
y que al regresar parece decir:	und dir so zu sagen scheint:
No olvidés hermano, vos sabés, no hay que jugar.	Wer hoch spielt, der bald verliert.
Por una cabeza, metejón de un día	Auf ein Pferd hast du gesetzt
de aquella coqueta y risueña mujer	wie auf jene betörende Frau
que sonriéndote el amor que está fingiendo	die strahlend dir von Liebe lügt
quema en una hoguera todo mi querer.	und so dein ganzes Herz verbrennt.

Das muntere Timbre dieses Chansons, vorgetragen mit typisch Gardelschem Pathos, präsentiert den Belcanto der frühen Tango-Jahre. Mit gedrückter Stimmung will diese Interpretation so gar nicht harmonieren; und doch thematisiert gerade dieser Text eine Facette des depressiven Lebensgefühls:

Por una cabeza	Ich setze alles
todas las locuras	und meinen Wahnsinn
su boca que besa	ihr Mund, der dich küßt
borra la tristeza	betört deine Schwermut
calma la amargura.	zerstreut deinen Kummer.

Por una cabeza	Ich setze alles auf eine Karte.
si ella me olvida	Will sie mich vergessen
qué importa perderme	was ist mir das Leben
mil veces la vida	was kann ich verlieren
¿para qué vivir?	wozu bin ich da?

Die Liebe – nicht gelebte Beziehung, sondern emotionale Durststrecke zwischen Einsamkeit und einer erhofften Geborgenheit, die als Illusion bereits vorweggenommen ist. Unser Interpret wird nicht müde, von der ersehnten Frau alles zu erwarten, denn es bleibt ihm keine Wahl: Auf die Perspektive einer erfüllten Liebesbeziehung kann er nicht verzichten, ist sie doch das Leitmotiv seiner Existenz. Diese Grundstimmung einer ständigen Erwartung führt streckenweise zu einem positiven Lebensgefühl. Dabei nimmt er in Kauf, daß er wahrscheinlich betrogen wird, und bleibt optimistisch bis zur Enttäuschung; daß er eine Gratwanderung zu bewältigen hat, ist ihm durchaus bewußt; ob der Einsatz die Mühe lohnt, bleibt ungewiß. Und mit jedem Verlust wiederholt sich die Erfahrung der Enttäuschung und verstärkt ein depressives Empfinden *(Tarde):*

De cada amor que tuve llevo heridas	Aus jeder Liebe bleibt mir eine Wunde
heridas que no cierran	die sich nicht schließen
y sangran todavía.	und nicht heilen will.
Error de haber querido ciegamente	Mein Glück hab' ich verloren und verschleudert
matando inútilmente	durch diese blinde Liebe
la dicha de mis días.	und das war mein Fehler.

Die Liebe des Tango endet durchweg tragisch. Daß gescheiterte Beziehungen die Protagonisten seiner Texte über lange Zeiträume emotional lähmen, sticht bei oberflächlicher Betrachtung bereits ins Auge. Die Geschichten des Tango nehmen stets eine ähnliche Wendung und lassen sich im Ergebnis auf folgende Gleichung bringen: Die vorbehaltlose Zuneigung des Mannes wird früher oder später enttäuscht, indem er von der geliebten Frau betrogen oder zumindest im Stich gelassen wird. Was bleibt, ist die Schilderung nostalgischer Stimmung in allen Abstufungen des depressiven Empfindens. Dieser stereotype Verlauf rückt die weibliche Hälfte der Menschheit in ein wenig günstiges Licht. Schon aus Gründen der Gerechtigkeit liegt es also nahe, die Rolle der Frau im Tango aus der Nähe zu betrachten – doch fällt dies nicht ganz leicht.

Als Musikerinnen, vor allem aber als Texterinnen, sind Frauen in der Tango-Geschichte nur schwer auszumachen. Gemessen an einigen hundert Autoren ist die Zahl der Frauen, die sich auf das Terrain poetischer Formulierung gewagt haben, an einer Hand abzuzählen. Wir treffen auf überwiegend analytische Grundzüge einer Tango-Poesie, die sich in permanenter Argumentation ergeht. Weiblicher Einfluß auf das literarische Profil des Tango ist denkbar gering. Aber auch die musikalische Gestaltung blieb männliche Domäne. Unter den bekannteren Komponisten, Orchesterleitern und Instrumentalvirtuosen findet sich über Jahrzehnte hinweg keine Frau – sieht man von einem prominenten Gegenbeispiel ab, Paquita Bernardo, die in den Zwanzigern als Bandoneonistin von sich reden macht. Allerdings stellt sich eine illustre Reihe von Sängerinnen vor. Daneben gibt es zahlreiche Musikerinnen, die zwar mit dem Tango zeitweise ihren Lebensunterhalt verdienen, aber kein bleibendes Echo erzielen. Von Frauen bevorzugtes Instrument ist hier neben Querflöte und Gitarre auch das Bandoneon. Die in Buenos Aires zeitweise ausgesprochen beliebte Tradition der Frauen-Orchester wird in jüngster Zeit wiederbelebt, das Bandoneon findet dabei zunehmend Anhängerinnen, sie sind aber deutlich in der Minderheit. Lediglich als Tanzpartnerin des Mannes, so scheint es, behauptet die Frau im Tango eine herausragende Rolle – und als literarische Figur seiner Texte.

Die Tango-Lieder stammen aus der Feder zahlreicher, aber beinahe ausschließlich männlicher Autoren. Während die Gefühlswelt der Protagonisten nicht selten mit bestechender Präzision dargestellt wird, erfährt man über das weibliche Gegenüber vergleichsweise wenig. Zudem sind entsprechende Schilderungen geprägt vom rückwärtsgewandten Sentiment des verlassenen Partners, der noch die nostalgische Sehnsucht als schmerzlich und demütigend empfindet. Obgleich zuweilen die gemeinsame Trauer über eine gescheiterte Beziehung im Mittelpunkt steht (*Los mareados*), die Unwiederholbarkeit vergangenen Glücks eingesehen wird (*Volvió una noche*) oder nach emotionalem Gewitter schließlich Versöhnlichkeit dominiert (*Mano a mano*), geht die Schuldzuweisung zumeist eindeutig an die Frau. Die erhobenen Vorwürfe schwanken zwischen *felonía* (Hurerei) und *cruel-dad* (Grausamkeit), *frialdad* (Kälte), *mentira* (Lüge) und *falsedad* (Falsch-heit), um nur weniges anzuführen. Materielle Interessen der Partne-rin werden negativ vermerkt, Vortäuschung falscher Tatsachen und Wortbruch sind gängige Vorhaltungen *(Maquillaje):*

Tú compras el carmín	Dein Wangenrouge erkauft
y el pote de rubor	in Dosen voller Scham
que tiembla en tus mejillas	die im Gesicht dir kleben.
y ojeras con verdín	Lidschatten aus Smaragd
para llenar de amor	soll deiner Maske Ton
tu máscara de arcilla.	den Klang von Liebe geben.

Die Frauen des Tango scheinen extrem unzuverlässig, so daß sich mancher Text zu allgemeinen Warnungen vor dem weiblichen Ge-schlecht hinreißen läßt *(No te engañés, corazón):*

Miente al llorar,	Sie lügt, wenn sie weint
miente al reír	lügt, wenn sie lacht
miente al sufrir y al amar;	lügt, wenn sie leidet und liebt
miente al jurar falsa pasión	lügt, wenn sie Schwüre der Leidenschaft macht.
No te engañés, corazón.	Laß nicht betrügen dein Herz!

Was die physischen Reize der Partnerin betrifft, äußert sich der Tan-go zurückhaltend und zudem durch den Filter der Erinnerung – nicht selten heraufbeschworen vom unverhofften Wiedersehen mit einer ehemaligen Geliebten, die schon bessere Zeiten erlebt hat; auch hier ist der nostalgische Aspekt stets gegenwärtig. Zahlreiche Texte las-sen aber keinen Zweifel daran, daß sich ihr Protagonist nach Schön-heit und Weiblichkeit verzehrt und an der Koketterie der Frau seine Freude hat, bis sie ihm eines Tages den Rücken kehrt.

Das damit eher verschwommen angedeutete weibliche Profil, stets geschildert durch die Brille des verlassenen Partners, erinnert an ein Charakterbild, das man in tiefenpsychologischer Fachsprache als *hysterisch* bezeichnet hat. Freilich wird der Begriff hier wertneutral verwandt und darf nicht gleichgesetzt werden mit unkontrollierten Gefühlsausbrüchen, wie es der allgemeine Sprachgebrauch sugge-

riert. Die angesprochene Veranlagung ist vielmehr nicht selten un-
auffällig und weitgehend sozial anpassungsfähig, gerade weil die
tragende Persönlichkeit nur schwach ausgeprägt ist. Einem geläufi-
gen Bild zufolge agiert der betreffende Charakter wie auf einer Bühne und kann im Extremfall zahlreiche Rollen übernehmen, die ihm
die Persönlichkeit ersetzen müssen. Unabhängig von der lebensge-
schichtlichen Entstehung dieser Veranlagung im frühen Kindesalter
und ohne Beantwortung der entscheidenden Frage, wer der eigentliche Zuschauer jener theatralischen Inszenierung ist, interessiert für
unseren Zusammenhang vor allem das Resultat: eine weitgehende
Konfliktunfähigkeit, die bedrohliche Situationen nicht auf der Ebene
persönlicher Auseinandersetzung meistern kann, sondern schließlich
durch Trennung vom unbequemen Partner und Übernahme einer
neuen Rolle. Dazu bedarf es allerdings entsprechender Angebote in
der Umgebung einer Person, die in sich selbst wenig Inhalt findet,
das Alleinsein nur schwer oder gar nicht erträgt und zur sozialen
Anpassung neigt.

Mit einiger Sicherheit dürfen wir annehmen, daß im Buenos Aires
der frühen Tangojahre zwei generell verbreitete psychische Grundmuster überdurchschnittlich oft vertreten sind. Einerseits Männer,
deren unterschwellige Neigung zur Depression durch Heimatverlust, Einsamkeit und soziale Marginalisierung akut zum Ausbruch
kommt; demgegenüber Frauen, deren Anpassungstendenz durch
eben diese Männergesellschaft herausgefordert wird. Weiter oben
angesprochene Zeitumstände der Jahrhundertwende müssen eine
solche Konstellation erheblich begünstigt haben. Sie wird zum Grundmuster der Liebesbeziehung und findet noch Jahrzehnte später ihr
Echo in den Tango-Texten. Der Frauenmangel jener Jahre führt zu
gesteigerter erotischer Nachfrage und damit zu einer im lateinamerikanischen Umfeld beispiellosen psychologischen Überlegenheit der
Frau. Damit einher geht aber gleichzeitig die unbequeme Notwendigkeit, emotionalen Bedürfnissen des Mannes nachzukommen, der
vielleicht mehr beansprucht, als sein Gegenüber geben will oder anzubieten in der Lage ist.

Nicht zufällig gehen beide Charaktere, der mehr depressiv geprägte und der eher hysterisch veranlagte – in unserem Fall reprä-

sentiert durch Mann und Frau – häufig eine Verbindung ein, denn ihre jeweils vorherrschenden Komponenten ergänzen sich wechselseitig. Ist ersterer auf ein Gegenüber dringend angewiesen und hat einen unbesetzten Platz an seiner Seite anzubieten, so kommt dieses Rollenangebot wiederum dem weiblichen Pendant zugute, das sich auf den anderen einzustellen vermag und ihm die Empfindung jener emotionalen Einheit ermöglicht, die er sucht und ersehnt. Er täte aber gut daran, der anderen nicht allzu sehr auf den Zahn zu fühlen. Andernfalls könnte sich vielleicht herausstellen, daß die ersehnte Verbindung Illusion blieb, weil der Mann in den schönen Augen der Partnerin sein eigenes Spiegelbild erblickt: Was emotional als Symbiose erlebt wird, beruht auf männlichen Projektionen, die von der Frau gespiegelt und damit beantwortet werden.

Dennoch setzt die hysterische Komponente einer nicht selten koketten und extravertierten Partnerin jene Energien frei, die den Mann am Río de la Plata wie auch anderswo über sich und seine depressive Tendenz hinauswachsen lassen. Allerdings gleicht die Verliebtheit einem Glückspiel: Erst die Zeit mag erweisen, ob und wieweit die Partnerin jenes sakrale Vertrauen einlösen kann, das der Mann in ihr festgemacht hat. Ein bereits zitierter Schlüsseltext formuliert deshalb treffend (*Por una cabeza*):

Por una cabeza, metejón de un día	Auf ein Pferd hast du gesetzt
de aquella coqueta y risueña mujer	wie auf jene betörende Frau
que sonriéndote el amor que está fingiendo	die strahlend dir von Liebe lügt
quema en una hoguera todo tu querer.	und so dein ganzes Herz verbrennt.

Kehren wir aber nochmals zurück ins Buenos Aires der Jahrhundertwende. Mit einer weiblichen Rollenzuweisung, die von maskulinen Erwartungen bestimmt ist, geht hier eine stete Versuchung zur Vortäuschung falscher Tatsachen einher. Materielle und soziale Vorteile sind auf diese Weise leicht zu erringen. Daraus sich ergebende Bindungen sind selten auf Dauer angelegt, zumal das Fehlen bürgerlicher Sozialkontrolle im Einwanderermilieu einer frühzeitigen Trennung der Partner Vorschub leistet, die der depressiv fühlende Mann als Verlassenwerden erlebt. Ihm wäre geholfen, hätte er seinerseits rechtzeitig als erster den Schlußstrich ziehen können – was allerdings in einer Situation des knappen Frauenangebotes nicht eben ratsam erscheint. Ihre Zuspitzung findet diese Situation in Gestalt des Freudenmädchens, das seinen Lebensunterhalt durch fingierte Hingabe verdient; daß nicht wenige Tango-Texte von Halbweltdamen bevölkert sind, hat neben historischen Bezügen durchaus symbolischen Gehalt.

Aufschlußreicher als die Schilderungen des Tango ist zuweilen, was er hartnäckig verschweigt: Familiäre Lebensverhältnisse spielen in seinen Texten keine Rolle. Die Frau ist weitgehend reduziert auf die Gestalt einer bald verehrten, bald sträflich vernachlässigten Mutter (eher selten) oder einer untreuen Geliebten, die sich verabschiedet hat (der Regelfall). Stabile Beziehungen, die das geborgene Nest einer Familie begründen könnten, kommen nicht vor, Kinder sind nicht präsent. Männliche und weibliche Rollen als Träger bürgerlicher Sozialformen finden keine Erwähnung, von Beruf und Broterwerb ist so gut wie nicht die Rede – es sei denn, mit Bezügen zur Prostitution.

Ebenso auffällig wie das Interesse des Tango an Frauenbildern in Halbwelt-Farben ist die Vielzahl jener Bezeichnungen, die er zur Schilderung des entsprechenden weiblichen Profils bereithält. Der *lunfardo* kennt ein reichhaltiges Vokabular für die Anbieterin einer mehr oder weniger käuflichen Liebe (*bacana, gaita, grela, mina, papusa, percanta, milonga, milonguera/gita, tanguera, china, galleguita, francesita* etc.) sowie ihr zahlendes männliches Pendant (*bacán, gil, mishé, otario* etc.) und ein weitverzweigtes Zuhältermilieu. Eine sujetkritische Untersuchung von 432 Tango-Texten ermittelte 58 Titel, deren Frauenbild Beziehungen zur Bordellszene aufweisen; lediglich zwei Tangos schildern die Frau als berufstätige Arbeiterin (Menéndez 1995). Dieses augenscheinliche Mißverhältnis bedarf einer Erläuterung.

Waren die Gefährtinnen der legendären Gauchos nicht selten indianischer oder mestizischer Abstammung (*chinas*) und erfüllten gemeinsam mit ihren vagabundierenden Cowboys eine später mystifizierte Rolle am Rande der Agrargesellschaft, so ändert sich die Szenerie ab Mitte des 19. Jahrhunderts drastisch. Im städtischen europäischen Zuwanderermilieu am La Plata ist die Rolle der Frau nicht zuletzt durch die Verknappung des erotischen Angebotes vorgezeichnet.

Nicht wenige Mädchen durchbrechen die Ärmlichkeit der Vorstädte, lassen die *arrabales* – in deren Vergnügungsvierteln auch bessere Kreise auf ihre Kosten kommen – hinter sich und setzen als einfachstes und oftmals einziges Mittel zum sozialen Aufstieg auf ihre femininen Reize, um schließlich von begüterten Männern ausgehalten zu werden. Der Tango setzt dies als wertneutralen Umstand voraus – mit bürgerlichen Vorurteilen ist seine Perspektive nicht belastet. Von einer Doppelmoral, deren typischer Zwiespalt zwischen Heim und Bordell die Frau nur als Heilige oder Hure zur Kenntnis nehmen will, ist der Tango weit entfernt.

Als Alternative zum traditionellen Schema eines lateinamerikanischen Machismus, der einer treusorgenden Gattin und Mutter die laszive Frau für gewisse Stunden gegenüberstellt und beide möglichst gleichzeitig besitzen will, etabliert der Tango eine neue Kategorie: Jene *femme fatale*, die gelernt hat, ihre Sexualität als Mittel sozialer Emanzipation einzusetzen – mit erheblichen Folgen für den Gefühlshaushalt der betroffenen Männerwelt. Weitaus stärker als materielle Probleme der Zuwanderer beschäftigen den Tango die psychosozialen Konsequenzen der erotischen Mangelsituation. Für den männlichen Bewohner der Vorstadt bedeutet dies: Frauen sind auf Dauer nur zu halten, wenn man halbwegs zahlungskräftig ist. Der verlassene Liebhaber wird aber früh zum Tango-Stereotyp – was nur bedeuten kann, daß die Mädchen der Vorstädte ihre männlichen Milieugenossen schnell abgehängt haben. Wer es da noch schafft, im Hintergrund als Zuhälter im Geschäft zu bleiben, kann von Glück reden (Sebreli 1964; Vidart 1967; Menéndez 1995).

Mit hämischem Augenzwinkern wurde der Tango zuweilen, nicht ganz unbegründet, als *vertikaler Ausdruck eines horizontalen Wunsches* gedeutet. Manche frühe Tango-Texte lassen an pornographischer Eindeutigkeit nichts zu wünschen übrig. Seine Reduzierung auf ein laszives Rotlicht-Milieu trifft jedoch haarscharf daneben, denn sie verkennt eine wichtige Dimension. Freilich finden Musiker in den Animierkneipen ihr Publikum und ihren Lebensunterhalt. Schon die Tango-Szene der ersten Jahre reicht aber über die geregelten Verhältnisse des Bordells hinaus vor allem in jene Vorstadt-Etablissements, deren turbulentes Angebot den Genuß einer ansonsten raren weiblichen Gesellschaft versprach. Ein enger körperlicher Kontakt auf dem Tanzboden – sei es mit einer Partnerin für Minuten, deren Gefälligkeit es zu honorieren galt – war in jedem Fall weniger kompromittierend und nicht zuletzt auch preiswerter als die schnelle Liebe im Bordell. Allerdings mußte man dazu den Tango erlernen – seine Beherrschung wurde zur emotionalen Überlebensfrage.

Die *milonguitas* und *tangueras* sind in mehrfacher Hinsicht untreu: Einerseits haben sie billige Kleider aus Baumwolle (dem vom Tango oft bemühten *percal*) nicht selten gegen Seidenroben eingetauscht und damit aus der Vorstadt-Perspektive ihre Herkunft verraten; daneben verteidigen sie ihren neuen Status so lange wie möglich, indem sie in Sachen wechselnder Liebesverhältnisse nicht zimperlich sind; und schließlich zeigen sie ein hohes Maß von Selbstverleugnung in der Anpassung an wechselnde Partner (vgl. *Flor de fango, Milonguita, Pompas de jabón* u.a.) Die im Tango dokumentierte Klage des zurückgesetzten Mannes zeigt sich aber als Spiegelbild einer weiblichen Emanzipation, die das bürgerliche Rollenschema durchbrochen hat und ihre Möglichkeiten jetzt mit einer gewissen Unbarmherzigkeit nutzt: Der Mann wird zum Opfer scheinbar seiner sexuellen, in Wahrheit seiner emotionalen Bedürfnisse.

An diesem Punkt entdeckt der Tango jedoch erneut seine Moralität: Daß Verlierergestalten, die das materielle Soll nicht erfüllen können und sich am Rande der Gesellschaft mühsam über Wasser halten, darüber hinaus gestraft werden, indem sich ihre Mädchen reichen Geldsäcken an den Hals werfen, provoziert seinen frühen Protest gegen die Ungerechtigkeit des Schicksals. Aber vor allem sieht er eines seiner Lieblingsthemen auch vor diesem Hintergrund bestätigt: das Scheitern menschlicher Existenz angesichts der Vergänglichkeit. Denn die Frauen des Tango sind Täter und Opfer in einer Person. Einem *memento mori* gleich zieht sich durch zahlreiche Liedtexte die Warnung vor leichtlebigem materiellem Erfolg auf Kosten der eigenen Gefühlswelt, vor dem physischen Verfall weiblicher Attraktivität, der alle scheinbaren Triumphe in Frage stellt, vor Kälte und Hartherzigkeit im Umgang mit den Gefühlen der anderen, die sich eines Tages rächen muß. Ein geläufiges Motiv, das der Tango stets mit rührender Nostalgie bemüht, ist die alternde und verlassene Lebedame (z.B. *Vieja recova, Galleguita* u.a.; hier: *El motivo*):

Pobre paica que ha tenido	Armes Frauchen, das die Männer
a la gente rechiflada	um den Finger wickeln konnte
y supo con la mirada	und allein mit ihren Blicken
conquistar una pasión.	manche Leidenschaft entfacht'.
Hoy no tiene quién se arrime	Hat jetzt keinen, der ihr zärtlich
por cariño a su catrera.	noch das Bett erwärmen möchte
Pobre paica arrabalera	armes, kleines Vorstadtmädel
que quedó sin corazón!	das sein Herz verschleudert hat.

Daneben wird auch das Schicksal der aus Europa importierten Freudenmädchen zu einem beliebten Tango-Motiv (*Francesita, Griseta, Madame Ivonne* u.a.) Zuweilen lassen männliche Texter ihre Darstellerin über das eigene Schicksal meditieren. Dabei klingt ein bemerkenswertes Motiv weiblicher Gefühlskälte an: Rache für erlittene Demütigung seitens der Männer *(De mi barrio)*:

Y si encuentro algún otario que pretenda	Und treff' ich einen Trottel der
por el oro mis amores conseguir	mit Geld nach meiner Liebe schielt
yo lo dejo sin cobre pa' que aprenda	nehm' ich ihn aus, damit er klug wird
y me pague lo que aquél me hizo sufrir.	und bezahlt, was mir ein anderer zugefügt.

Eine stellvertretende (symbolische) Vergeltung für zurückliegende Verletzungen, die nicht allein der maskulinen Gefühlsebene keine Rechnung trägt, sondern ihrerseits verletzen will, ist hier als untergründiges Motiv der Prostitution deutlich skizziert. Entgegen dem landläufigen Bordellklischee entdeckt der Tango in der weiblichen Marktstrategie jedoch vor allem bedauernswerte Züge eines gescheiterten Gefühlslebens, das mit fortschreitenden Jahren ein grausames Schicksal ahnen läßt *(Milonguita)*:

Milonguita, los hombres te hicieron mal	Milonguita, die Männer haben dir übel mitgespielt
y hoy darías todo el alma	und heut' gäbest du dein Leben
por vestirte de percal.	für das alte Baumwollkleid.

Der im Tango vorgestellte weibliche Typus ist weniger abgebrühte Hure, sondern eine Frau, die sich aushalten läßt: weil sie nicht leiden will, im Leben den einfachsten Weg wählt und darüber den Versuchungen männlicher Angebote erliegt. Sie verkauft sich, um sich sozial zu behaupten; daß sie ihr Gegenüber ohne Ansehen der Person immer wieder verlassen muß, ist ihre Tragik. Unfähig zur emotionalen Partnerschaft, bleibt ihre Emanzipation jedoch letztlich auf materielle Aspekte beschränkt.

Ob ein womöglich erhebliches Altersgefälle zwischen den Geschlechtern und damit die Vatersymbolik hier eine Rolle spielt, läßt sich anhand der Tango-Texte (häufige Anspielungen auf die *Jugend* der Geliebten) nur vermuten, scheint aber naheliegend aufgrund von Männerüberschuß, der zeitweise durch ausgedehnten Mädchenhandel kompensiert wurde, vor allem aber wegen des im Tango vorgestellten psychologischen Profils. Seine Lebedamen tragen Merkmale erotischer Bindungsunfähigkeit, mit anderen Worten, hysterische Züge – was dem männlichen Gegenüber nicht lange verborgen bleibt (*Maquillaje*):

Mentiras...	Lügen
que son mentiras tu virtud	deine Güte ist erlogen
tu amor y tu bondad	deine Liebe, deine Tugend
y al fin tu juventud.	und am Schluß selbst deine Jugend
Mentiras...	alles Lügen
te maquillaste el corazón	und noch dein Herz legt Schminke auf:
mentiras sin piedad.	grausame Lügen
¡Qué lástima de amor!	einer armen Liebe!

In den Liebesgeschichten des Tango ist diese Situation allerdings nicht auf oberflächliche Affairen beschränkt, sondern wird zum existentiellen Dauerzustand. Über weite Strecken schildert seine *love story* eine anfängliche Symbiose und spätere Krise der beteiligten Figuren, die stets mit Trennung endet. Dies bedeutet indes nicht, daß als Protagonisten (den im Tango vorgestellten Charakteren entsprechend) ausschließlich melancholisch gestimmte Männer und extrovertierte Frauen anzutreffen wären – zumal auch der umgekehrte Fall nicht selten vorkommt und Personen generell als Wesen mit unterschiedlichen Charakterzügen auftreten: Auf die Mischung kommt es an; oder daß die heute wachsende Fangemeinde des Tango sich ebenfalls einem dieser Grundtypen zuordnen müßte. Eine in Paarbeziehungen auftretende und klar definierte Konstellation spiegelt sich aber mit einiger Deutlichkeit in zahlreichen Tango-Texten. Ein solches psychisches Grundmuster dürfte sich jetzt auch in der Choreographie und damit in den Kommunikationsformen des Tanzes wiederfinden. Auf den ersten Blick scheint dies aber, zu unserer Enttäuschung, nicht der Fall zu sein.

Daß im Tango ohne Führung des Mannes nichts läuft, hat sich längst herumgesprochen und diesem Genre den Ruf eines unverbesserlichen Machismus eingetragen. Tatsächlich werden die *cortes* und *quebradas*, die *ochos*, *giros* und *ganchos* – jene Figuren also, die den Grundschritt ergänzen, dem argentinischen Tango ein individuelles Profil geben und ihn vom europäischen Standardtanz abheben – zwar von der Frau ausgeführt, aber durch den Mann, wenn auch in dezenter Weise, initiiert. Die Tanzpartnerin hat durchaus ihren Spielraum, den es nach eigenem Vermögen auszufüllen gilt, jedoch innerhalb eines formalen Rahmens und zu Gelegenheiten, die das Gegenüber vorgeben muß. Nach Erfahrungen von Tanzlehrern/innen liegt hier in der Lernsituation des Anfangs für gewöhnlich ein erhebliches Hindernis – nicht zuletzt für den Mann, der sich mit einer Rolle anfreunden muß, die ihm einen expliziten und dennoch eleganten Führungsstil abverlangt (zur Choreographie vgl. Hanna 1993/Schüler 1997).

Mit melancholischer Antriebslosigkeit läßt sich diese Aufgabe nur schwer bewältigen. Gewiß deuten der nicht selten verschleppte Rhythmus, die schleichenden Bewegungen, häufigen Richtungswechsel und die Kadenzen der Musik womöglich auf Krise und Ambivalenz; aber in der gleichzeitig ablaufenden Führungsrolle des Mannes ist dieses Moment nur schwer auszumachen. Aus maskuliner Perspektive läßt sich der Tango nur tanzen, wenn man weiß, was man will und Vorstellungen hat, wie es weitergeht. In diesen Beobachtungen liegt jedoch kein Widerspruch zur Psychologie der Tango-Texte.

Zweifellos wurde der Tanzstil von Männern geprägt, die sich auf einer Gratwanderung befanden, aus einer Kontrasterfahrung lernen mußten und sich darüber ihrer selbst und ihrer Bedürfnisse bewußter wurden. Das dabei erkämpfte Selbstverständnis galt es im Rahmen einer sozialen Konkurrenzsituation an die Frau zu bringen – sofern der Tanz nicht ohnehin, zu Übungszwecken oder aus Mangel an weiblicher Präsenz, unter Männern stattfand; wahrscheinlich lag aber der tiefere Grund maskuliner Beinübungen in der absoluten Notwendigkeit, sich die Tango-Figuren im vorhinein bereits anzueignen, weil man andernfalls die Erwartungen der Partnerin nicht erfüllen konnte – daran hat sich bis heute nichts geändert. Die in Tanzfiguren dargestellte scheinbare Dominanz des Mannes steht in klarem Verhältnis zu einer Abhängigkeit, die mit maskulinen Bedürfnissen untrennbar verbunden ist: Geht die Partnerin nicht auf ihn ein, muß er sich geschlagen geben.

Demgegenüber befindet sich die Frau in einer ungleich bequemeren Position, was ihr das Erlernen der Tango-Figuren erleichtern kann, trifft sie auf einen Tänzer, der zu führen versteht. Freilich muß sie eine Vorstellung ihrer Möglichkeiten haben, kann sich aber auf die Angebote des Gegenübers verlassen, ihren Spielraum nutzen und erweitern. Sie mag die Projektionen des Mannes auffangen und auf ihre Art widerspiegeln, kann dies aber auch verweigern und den Mann im Regen stehen lassen. Bekannte Tänzerinnen betonen in ihren Aussagen zur Tango-Choreographie diesen Aspekt weiblicher Autonomie (z.B. bei Rappmann/Walter 1997). Die Tango-Lehrerin und Psychoanalytikerin Lidia Ferrari aus Buenos Aires (*Ist der Tango ein Macho-Tanz?*, in: Tango-Info 14/1998) definiert diese Rollenverteilung als gegenseitige Vereinbarung zugunsten einer choreographischen Symbiose, die so lange dauert wie ein Tanz.

Noch als Hochbetagter verrät der Tango die erotische Konstellation seiner Geburtsstunde am Río de la Plata. Allerdings ist ein Vergleich zwischen psychologischem Gehalt der Tango-Chansons und tänzerischem Ausdruck möglicherweise irreführend, handelt sich doch um unterschiedliche Genres. Während zahlreiche Lieder die Abwesenheit des Gegenübers zelebrieren, kann davon beim Tanz keine Rede sein. Einsamkeit ist hier nicht das Thema, eher schon ihre Überwindung in der tänzerischen Symbiose. Wo die Botschaft der Lieder an ihre Grenzen stößt, setzt die Choreographie erst ein. Kommen die Chansons also über Analyse und Protest zumeist nicht hinaus, so liegt im getanzten Tango womöglich die Therapie – und damit ein neues Thema.

Lieder – Texter – Interpreten

Wenn man in Cafés und Restaurants, in Taxis und Autobussen der argentinischen Hauptstadt häufig einem Bild begegnet, so handelt es sich nicht um den Papst und seltener um die Madonna, sondern um **Carlos Gardel** (1890-1935). Man trifft ihn allenthalben, als Schaufensterdekoration und Kneipeninventar, Bettler haben sein Photo einer Ikone gleich vor sich aufgebaut, Straßensänger sind sichtlich bemüht, ihm möglichst ähnlich zu sein: mit Filzhut und korrektem Jacket, die Sehnsucht im Blick, den Schalk im Nacken und jenem baritonalen Timbre des Belcanto, das mit fröhlichem Lächeln traurige Lieder intoniert.

In Sachen Gardel bedarf es weniger Worte: Ein Bild, ein Blick, ein Tangolied, dessen Text jeder auswendig kennt. Die Präsenz dieser Stimme auf den Straßen und Ätherwellen der Stadt hat sich den Porteños tief eingeprägt. *Täglich singt er besser*, sagt man in Buenos Aires. Selten erlischt die stets erneuerte Zigarette zwischen den Fingern seines Standbildes auf dem Chacarita-Friedhof. Auch zwei Generationen nach seinem Tod gibt es für *Die Stimme* keinen Ersatz. Dies wäre kaum anders, sänge er weniger gut, denn der Mythos Gardel hat sich längst verabschiedet von der biographischen Reichweite einer historischen Figur, die Begeisterung für seine Erscheinung trägt religiöse Züge. Gardel steht für Buenos Aires, um nicht zu sagen: Er ist Buenos Aires. Aber vor allem repräsentiert er den Tango.

Der historische Carlos Gardel mag vieles gewesen sein – Laufbursche und Lehrjunge, Gitarrist und Bänkelsänger, Radiostar und Filmschauspieler, Publikumsidol, Charmeur, Frauenheld und anderes mehr – eines war er sicher nicht: jene schillernde Erscheinung, die man ihm bisweilen andichtet. Seine Biographie ist konsequent, denn sie führt von unten nach oben. Manche Legende, die sich bereits zu Lebzeiten um seine Person zu ranken begann und seine Herkunft

beispielsweise nach Montevideo verlagerte, hat der Sänger persönlich in seinem Testament korrigiert.

Demnach kommt er am 12. Dezember 1890 im französischen Toulouse zur Welt und betritt argentinischen Boden im Alter von drei Jahren. In schwierigen Zeiten nach ihrer Ansiedlung in Buenos Aires hat seine ledige Mutter, Berthe Gardés, ein dürftiges Auskommen als Büglerin. Aus ihrem musisch begabten Sohn Charles Romuald Gardés wird zwar schon bald Carlos Gardel, welcher Name den Porteños leichter von den Lippen geht, ein kometenhafter Aufstieg will sich aber so bald nicht einstellen. Neben einer halbwegs soliden Schulbildung und Lehrverhältnissen in Montevideo schlägt sich Carlitos mit Gelegenheitsarbeiten durch, etwa als Claqueur bei Theatervorstellungen. Allerdings singt er bereits in jungen Jahren bravourös zur eigenen Gitarrenbegleitung. Als ihn erfolgreiche Auftritte in Kneipen rund um den Abasto-Großmarkt schon früh mit einem Künstler-Milieu vertraut machen, beschließt er eines Tages, seine baritonale Tenorstimme systematisch zu schulen. Bald darauf findet er in dem uruguayischen Gitarristen José Razzano einen langjährigen Partner, der zeitweise auch als sein Agent in Erscheinung tritt.

Hilfreich und für die weitere Karriere entscheidend sind die neuen Medien jener Jahre: Grammophon, Hörfunk und Tonfilm. Nach ersten Plattenaufnahmen unter dem Label Columbia, die 1913 stattfinden, ebnen regelmäßige Auftritte in Varietés und Konzertsälen den Weg bis zum Nationaltheater. Ins frühe Repertoire gehören vor allem Milongas und balladenhafte Volkslieder, daneben poetische Texte zu populären Melodien. Erst 1917 zeichnet Gardel mit *Mi noche triste* (Meine traurige Nacht) ein erstes Tango-Chanson auf und widmet sich später überaus erfolgreich der Komposition innerhalb eines Genres, das zwar längst existiert, aber erst durch ihn zu breitem Echo findet. Noch im selben Jahr debütiert der damals mit 118 kg bei einer Größe von 1,71 m ziemlich beleibte Sänger als Schauspieler in dem Leinwandstreifen *Flor de Durazno.*

Sein auf Schellackplatten dokumentiertes Vermächtnis umfaßt ab 1913 beinahe eintausend Aufnahmen, rund die Hälfte Tangos, 119 Titel sind Eigenkompositionen. An die Stelle der Gitarrenbegleitung im Stil ländlicher *payadores* tritt ab Mitte der zwanziger Jahre in seltenen Fällen die Zusammenarbeit mit Orchestern. Später unterhält

Gardel ein eigenes Gitarren-Ensemble und verdient als Unternehmer im Verein mit wechselnden Agenten ein Vermögen, das allerdings durch verschwenderische Ausgaben und erhebliche Wettverluste bei Pferderennen immer wieder zusammenschmilzt.

1923 reist das Duo Gardel/Razzano erstmals nach Madrid, ebenfalls ab diesem Jahr gibt es häufige Radioauftritte in Buenos Aires. Gardel nutzt das neue Hörfunk-Medium und findet endgültig zum Tango, der jetzt sein Repertoire dominiert. Zwei Jahre später trennt er sich von Razzano, dessen Stimmbänder der permanenten Belastung nicht gewachsen sind, der aber noch für einige Zeit als Agent im Geschäft bleibt. Gardel debütiert erfolgreich in Paris. Im entscheidenden Jahrzehnt vor seinem Tod gibt sich der Sänger rastlosen Aktivitäten hin, gastiert zunehmend außerhalb der Heimat, nicht selten in Frankreich, wo er als herausragender Interpret einer bereits legendären Tango-Kultur monatelang Triumphe feiert und sein großes Vorbild Maurice Chevalier in den Schatten stellt. Der Durchbruch in der Publikumsgunst gelingt ihm durch zehn Musikfilme, die ab 1930 in schneller Folge in Mexiko, Paris und New York gedreht werden und weltweit Verbreitung finden.

Der berauschende Erfolg ist Gardel allerdings im wörtlichen Sinn nicht auf den Leib geschrieben. Bis er sich Anfang der Dreißiger auf der Tonfilmleinwand sehen lassen kann, muß er in den Jahren zuvor einige Dutzend Pfunde (von 118 auf 76 kg) abspecken. Erst mit der Zeit gelingt es ihm, auch die Schüchternheit des Vorstadtjungen abzulegen. Als Gardel und Razzano beispielsweise nach einem ersten Auftritt im berühmten bonarenser Varieté Harmenonville auf den Schultern des Publikums aus dem Lokal getragen werden, erkundigt sich der Sänger beim Gitarristen: »Bist du sicher, daß die uns nicht auf den Arm nehmen wollen?« Bei Honorarverhandlungen schickt er Razzano vor und läßt fragen, ob der in Aussicht gestellte Betrag vierzehntäglich oder monatlich ausbezahlt werde. Als er erfährt, daß es sich um die Tagesgage handelt, soll er gerufen haben: »Dafür spülen wir auch noch die Teller!« Doch an Gardel geht der rasante Aufstieg nicht spurlos vorüber. Sein spätes Diktum: »Wenn ich das Telefonbuch absänge, wäre auch dies ein Erfolg«, zeugt zwar nicht von Bescheidenheit, aber durchaus von Realismus. Auch als Berühmtheit, die Massenhysterien auslösen konnte, verleugnet er jedoch nie

75

seine musikalische Herkunft. Er tritt weiterhin mit Gitarrenbegleitung auf, bleibt dem Milonga-Genre verpflichtet und verarbeitet in seinen Tango-Titeln bevorzugt sentimentale Themen aus dem Milieu der einfachen Leute.

Nach einer Zwischenlandung im kolumbianischen Medellín setzt die Kollision seiner F-31 mit einer anderen Maschine diesem Tango-Leben auf dem Zenit des Erfolges ein jähes Ende. Das Idol stirbt am 24. Juni 1935, der Mythos wird geboren: Daß Gardel tödlich verunglückt sei, will man in Buenos Aires tagelang nicht wahrhaben. Die Beteiligung der Porteños an seiner Beisetzung stellt schließlich alles in den Schatten, was die Metropole bis dahin gesehen hat, und wird bestenfalls vom späteren Evita-Kult übertroffen. Mit Gardel trägt sich das alte Buenos Aires selbst zu Grabe und lebt nur weiter, weil es sich in den Herzen der Menschen eingenistet hat. Wer Buenos Aires kennt, kommt an Gardel nicht vorbei. Wer den Tango liebt, kommt früher oder später auf Gardel.

Folgt man seinen Biographen, so war er alles andere als ein Revolutionär und weniger Bohemien, als er sich in seinen Filmen darstellte. Persönlich eher konservativ, ist Gardel mit Anhängern unterschiedlicher politischer Couleur bekannt; Freundschaften bedeuten ihm mehr als oberflächliche Erfolge. Abseits gelegentlicher Exzesse von maßvoller und disziplinierter Lebensführung wohnt er bei Aufenthalten in Buenos Aires mit seiner verehrten Mutter. Entgegen seinem Ruf ist er kein Schürzenjäger und bewahrt über gelegentliche Affairen, zuweilen mit minderjährigen Frauen, hartnäckige Diskretion. Äußerungen gegenüber Presse und Rundfunk sind stets von ausgesuchter Diplomatie.

Bei aller Brillanz und Brillantine bleibt Gardel jedoch eine repräsentative Erscheinung, typisch für seine Zeit, beispielhaft für Schicksal und Ambitionen seiner Zeitgenossen. Das Geheimnis seines Erfolges liegt weniger in der individuellen Leistung des Genies, das er zweifellos war; sein Triumph ist Resultat einer kollektiven Sehnsucht, die sich in einer einzigen Gestalt verdichtet hat. Zwar ist er Immigrant aus einfachsten Verhältnissen, doch im Gegensatz zur großen Masse der Einwanderer gelingt ihm der Sprung nach oben. Mit dem strahlenden Lächeln eines jugendlichen Grandseigneurs symbolisiert er den geheimen Wunschtraum von Millionen: Schaut her, soweit kann man es trotz

POR UNA CABEZA
tango canción
de la película PARAMOUNT "TANGO BAR"
letra de
ALFREDO LE PERA
Música de
CARLOS GARDEL

allem bringen, wenn man nur will! Mit seiner eleganten Erscheinung
rächt sich Gardel stellvertretend für jene, die es nicht geschafft haben
– wie es ihm später Eva Perón nachtun sollte, wenn sie mit dem kal-
kulierten Charme einer neureichen Großtante juwelenbehangen vor
Arbeitervereine trat, im Abendkleid klassenkämpferische Reden hielt
und an den Sozialneid der Massen appellierte.

Gardel stammt aus Europa und verkörpert damit Vergangenheit
und Herkunft der Porteños, er avanciert aber binnem kurzem zur
einheimischen Kultfigur am La Plata und wird, was womöglich
schwerer wiegt, selbst in Paris begeistert empfangen, womit sich ein
Kreis geschlossen hat: Mit undurchdringlichem Lächeln präsentiert
sich Gardel den Porteños, wie sie sich selbst verstehen und gerne
sehen. In seinem Spiegel entdeckt sich sein Publikum bis heute, wie
es sein könnte und in einem verschwiegenen Winkel des Herzens
zuweilen auch ist. Nicht auf den Verstand schlägt die Droge Gardel,
sondern auf das Unbewußte: bei Nebenwirkungen keine Haftung.

Zahlreiche Chansons aus der Feder Gardels haben den Sänger
überlebt und gehören über das ständige Tango-Repertoire hinaus seit
langem zur Weltmusik. Entscheidend für diesen Erfolg ist ein konge-
niales Zusammenspiel von Text, Melodie und Arrangement. Titel wie
Volver oder *El día que me quieras* wurden auf Anhieb zu Schlagern,
deren einprägsame Texte das Publikum nicht selten auswendig kennt.

Diese nachhaltige Wirkung verdankt Gardel seiner Begegnung mit
dem Journalisten **Alfredo Le Pera** (1900-1935), der die entscheiden-
de Phase als engster Mitarbeiter begleitet. Nachdem ihn seine Umtriebigkeit seit Mitte der zwanziger Jahre von dieser Beschäftigung
abgehalten hat, widmet sich der Sänger ab 1931 intensiv der Komposition eigener Chansons. Dabei bleibt er musikalischer Analphabet,
ist der Notenschrift unkundig und darauf angewiesen, daß andere
Musiker seine Einfälle zu Papier bringen. In Zeitungsinterviews be-
richtet er über seine Methode: Wenn er in Stimmung ist, ruft er seinen Freund Alfredo Le Pera zu ausgedehnter gemeinsamer Kreativität (Aravena 1989).

Der in Brasilien geborene Le Pera zeigt bereits als junger Mann
das Profil eines intellektuellen Bohemiens. In Buenos Aires aufge-
wachsen, wird er als Bühnenjournalist und Theaterautor tätig und

geht 1930 nach Paris, wo er für die Filmagentur United Artists spanischsprachige Untertitel verfaßt. Für die Paramount arbeitet er als Autor und Regisseur. Seine Beziehung zu Gardel beginnt 1932, als er die Verantwortung für dessen Drehbücher übernimmt; später begleitet er den Sänger nach New York. Die aus dieser Zusammenarbeit entstehenden Leinwandstreifen mit überschaubarer Handlung, melodramatisch-humoristischem Verlauf und ausgiebigen Gesangseinlagen bringen der Tango-Canción größtes internationales Prestige (*Arrabal amargo, Cuesta abajo, El día que me quieras, Madreselva, Mi Buenos Aires querido, Por una cabeza, Soledad, Volver, Volvió una noche*).

Bei seiner literarischen Arbeit konnte sich Le Pera keines ausgeprägten Schemas bedienen und bereicherte durch seine Texte ein Genre, das bis heute wenig Regeln kennt und eher durch inhaltliche als formale Aspekte ausgewiesen ist. Als Poem ist das Tango-Chanson keineswegs grundsätzlich gereimt, enthält aber zuweilen einzelne Strophen mit meist versetztem Endreim; Refrain ist häufig, aber bei weitem nicht immer anzutreffen. In formalem Aufbau, Versmaß und Strophengliederung lassen sich feste Regeln nicht ausmachen. Die literarische Gestaltung ist mithin weniger eingeengt als in vergleichbaren Gattungen, stellt aber hohe Forderungen an Kreativität.

Neben dem lateinamerikanischen Spanisch (*castellano*) mit La Plata-Einschlag kennt der Tango eine milieugebundene Sondersprache – für Verständlichkeit und vor allem für die Übersetzung der Texte liegt hier zuweilen ein erhebliches Problem. Der *lunfardo* genannte Eigenwortschatz entwickelt sich nach Auskunft zahlreicher Autoren zunächst als Gaunerargot oder Verdunkelungsjargon des Delinquentenmilieus und hat ursprünglich eine Abschottungsfunktion gegenüber der bürgerlichen Gesellschaft; Tausende von Ausdrücken gehen aber nach relativ kurzer Zeit aus dem Lunfardo in die Umgangssprache der Vorstädte und selbst der Mittelschichten ein oder werden dem sprachlichen Gepäck der Einwanderer, vor allem der Italiener, entlehnt. Der Lunfardo trägt Züge eines Mischvokabulars, wie es beim Verlust des Italienischen aus einem analphabetischen spanischen Wortschatz entstehen kann, Hörfehler und Verwechslungen inbegriffen. Schließlich tritt er nach Ablauf annähernd einer Generation als typischer Slang des La Plata in Erscheinung, der sich vom

Hochspanischen erheblich unterscheiden kann. Hinzu kommt eine italianisierte Sprachmelodik sowie im koloquialen Umgang die Verwendung altertümlicher Anrede- und Verbformen, wie sie in einzelnen Ländern Süd- und Mittelamerikas gebräuchlich, in Spanien hingegen längst vergessen sind.

Mit der Herkunftsgebundenheit mancher Tango-Texte ergibt sich eine Nähe zum Lunfardo-Vokabular, das einem Publikum ohne Milieuerfahrung und lokalgeschichtliche Kenntnisse nicht allein sprachlich, sondern in seiner Wortbedeutung verschlossen bleibt; auch Spezialwörterbücher bieten hier keinen Ersatz. Die durchgängige Verwendung eines exklusiven Jargons ist jedoch im Tango insgesamt eher Ausnahme als Regel. Berühmtgewordene Texte verdanken gerade ihrer Gemeinverständlichkeit nachhaltige Popularität über die engere Heimat hinaus. Daneben bereichern aber die Tango-Texte durch sprachliche Neuschöpfungen ihrerseits das Lunfardo-Vokabular (Birkenstock 1996).

Entscheidenden Anteil an der Gestaltung dieses Repertoires haben Autoren, die über ihre Lieder zu Nachruhm fanden. Der Anstoß zur Entstehung neuer Tangos kommt dabei nicht selten aus anderen künstlerischen Genres: in den zwanziger Jahren vom Musiktheater (*sainete*) und Varieté, ab den dreißigern durch den Tonfim, in den vierzigern vor allem durch die Nachfrage zahlreicher Orchester nach immer neuen Liedtexten, die Woche für Woche zu Dutzenden ihr Debüt erleben. Das Tango-Chanson ist somit kein anonymes Volkslied, sondern Kunstform und individuelle Kreation einzelner Verfasser von eher intellektuellem Profil, die allerdings gemeingültige Themen aufgreifen. Bekanntere Texter des Genres, die in diesem Buch zu Wort kommen, teilen durchweg einige Gemeinsamkeiten: Sie kommen kurz vor oder nach der Jahrhundertwende zur Welt, sind beinahe alle in journalistischen Berufen zu Hause und versuchen sich darüber hinaus in einer Vielzahl kreativer Tätigkeiten, die starke Nähe zum Künstlermilieu mit sich bringen. Von der Dichtkunst können sie nicht leben, selbst wenn ihre Tangos zuweilen schnell berühmt werden. Ihre Texte sind somit zumeist Nebenprodukte schriftstellerischer Arbeit und verdanken ihre Existenz der Nähe zum Tango-Umfeld sowie dem persönlichen Umgang mit Komponisten und Sängern.

Damit verbunden ist ein sehr unterschiedlicher Entstehungsprozeß der jeweiligen Lieder. Bald wird eine gefällige Melodie mit Text unterlegt, bald werden bereits vorliegende Gedichte vertont; nicht selten entstehen die Tangos jedoch im kreativen Prozeß zwischen Texter und Komponist, wie generell bei Le Pera / Gardel, häufig bei Castillo / Troilo und später bei Ferrer / Piazzolla. Ihre Chansons reflektieren nicht allein tango-typische Sujets, wie sie sich bereits seit Ende der zwanziger Jahre etabliert und seither wenig verändert haben, sie sind vielmehr Ausdruck zeitgenössischer Mentalität und wechselnder Konjunkturen innerhalb des Genres. Tango-Lieder folgender Autoren verdienen im vorliegenden Zusammenhang besondere Beachtung:

Pascual Contursi (1888-1932), Sänger und Theaterautor, der dem Vorstadtmilieu in seinen Texten breiten Raum gibt. Aus seiner Feder stammt unter anderen das erste von Gardel aufgeezeichnete Tango-Chanson *Mi noche triste*, ferner *El motivo*. Auch sein Sohn **José María** (1911-72) schrieb Tangos, unter anderen die Titel *En esta tarde gris*, *Sin lágrimas* und *Toda mi vida*.

Celedonio Esteban Flores (1896-1947), dessen Texte von Gardel gerne interpretiert wurden. Neben anderen tango-typischen Themen widmete er sich dem sozialen Protest *(Mano a Mano, Porqué canto asi)*.

Homero Manzi (1907-51) Journalist, Drehbuchautor und als Anhänger des Peronismus politischer Weggefährte Discépolos. Wie kaum ein anderer hat er dem Bandoneon in seinen Titeln ein Denkmal gesetzt *(Che bandoneón, Discepolín, Fueye)*.

Enrique Cadícamo (*1900). Schriftsteller, Regisseur und Drehbuchautor. In seinen nicht selten gereimten Werken steht neben dem Scheitern der Liebesbeziehung ein sentimental erinnertes Buenos Aires im Vordergrund (*Garúa, Los mareados, Madame Ivonne, Nostalgias Pompas de jabón, Vieja recova*).

Cátulo Castillo (1906-75). Musiker, Schriftsteller und Journalist. Seine Tangos tragen bald nostalgische, bald existentialistische Züge (*Desencuentro, La última curda, María, Tango triste*).

Homero Expósito (1918-87) wurde ab den vierziger Jahren als Schriftsteller bekannt und thematisiert unter anderem die psychosozialen Folgen gesellschaftlichen Wandels im Großstadtmilieu (*Maquillaje, Naranjo en flor*).

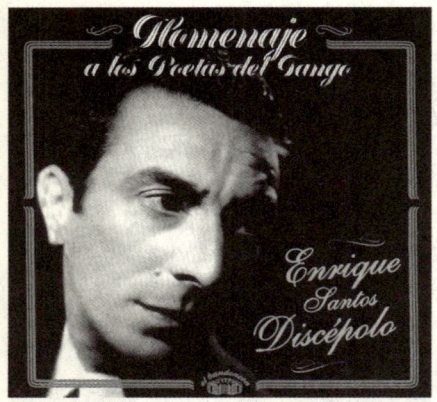

Aus der breiten Phalanx der Textdichter sticht **Enrique Santos Discépolo** (1901-51) durch eine Radikalität hervor, die ihn zum Repräsentanten des Genres macht. Seine Tangos erfahren neben höchster Popularität auch erheblichen Gegenwind. Vor allem sein Titel *Cambalache*, der die herrschenden Weltverhältnisse in ironischer Form als heuchlerisch entlarvt, wird noch zu Lebzeiten des Autors mehrfach auf den Index gesetzt.

Als Sohn eines Musikers aus Neapel wächst Discépolo bei wohlhabenden Verwandten auf, kommt früh mit dem Theater in Kontakt und schreibt bereits als Halbwüchsiger Bühnenstücke. Der junge Schauspieler und Bühnenautor ist anarchistischen Ideen zugetan. Die politische Brisanz seines ersten Tangos (*Qué vachaché*) zeigt sich jedoch nach erfolgloser Aufführung (1926) wenig später, als sich das Publikum zu Zeiten der Weltwirtschaftskrise in seinem Text wiedererkennt. Insgesamt schreibt Discépolo 26 Tangos, die er größtenteils auch selbst vertont (*Cambalache, Desencanto, Uno, Yira...yira*).

Discépolo ist Moralist, doch mit dem Verhaltenskanon bürgerlicher Anständigkeit hat seine Ethik wenig gemein. Ein gesellschaftliches Rollenschema, das sich an Besitzverhältnissen orientiert, wird von ihm als Doppelmoral an den Pranger gestellt. Das zu seiner Zeit bereits traditionelle Tango-Klischee ist hier konterkariert. In seinen Texten geht es nicht mehr um Frauen, die den Liebhaber wechseln, im Mittelpunkt steht der große Betrug des Lebens, dem alle gleichermaßen aufsitzen: die ausgebeutete Prostituierte, der verzweifelte Arbeitslose, der enttäuschte Philantrop. Discépolo stellt die Verhältnisse auf den Kopf und damit in ihre wahre Dimension: Wenn die Herrschenden ihre Macht verteidigen, indem sie die Masse hinters Licht führen, ist die Moral außer Kraft gesetzt. Diese Botschaft wurde verstanden.

Die spanische Sängerin Tania, mit der Discépolo von 1927 bis zu seinem frühen Ende zusammenlebt, tut sich anfangs schwer mit der kompromißlosen Haltung ihres Gefährten, wird aber schließlich seine beste Interpretin. Discépolo arbeitet als Drehbuchautor, Regisseur und Schriftsteller. Nachdem er sich zunehmend auch politisch engagiert, als Peronist zu erkennen gibt und 1951 über Rundfunkkommentare in die Präsidentschaftswahlen eingreift, lassen feindliche Reaktionen des Bürgertums nicht auf sich warten. Er stirbt als knapp Fünfzigjähriger, »gesundheitlich erschöpft und verschlissen auf einer Bühne, der politischen, für die er seelisch nicht gerüstet war.« (Reichardt 1984:151)

Um ihre Themen wirksam darzustellen, bedurften die erwähnten Tango-Texter kongenialer Sänger. Hier befindet sich Gardel bereits in der Frühzeit des Chansons keineswegs allein. In der Nachfolge ländlicher Payadores steht ebenfalls **Ignacio Corsini** (1891-1967), der mit dem Berühmteren manches biographische Datum teilt. Annähernd gleichaltrig, kommt Corsini als Sohn einer ledigen Italienerin nach Argentinien, verbringt aber im Gegensatz zu Gardel Kindheit und Jugend auf dem Land. Corsini identifiziert sich zeitlebens mit der Payadores-Tradition, tritt ab 1910 an die Öffentlichkeit und bereist in ausgedehnten Tourneen das argentinische Inland; zuweilen blockieren Bauern die Eisenbahnstrecke, um ihn zu hören. Bis zu seinem freiwilligen Rückzug vom Mikrophon (1948) zeichnet er rund 400 Tangos auf.

Einer eher melancholischen Richtung ist der Tangosänger **Agustín**

Magaldi (1901-38) verpflichtet. Der von ihm eingespielte Titel *El penado 14* (Der Sträfling 14) erreicht die seinerzeit unglaubliche Auflagenhöhe von mehr als einer Million Schellackplatten. Corsini und Magaldi bleiben hinter dem weitaus bekannteren Gardel künstlerisch kaum zurück und erzielen nationale Berühmtheit, stehen aber auch späterhin deutlich im Schatten eines Welterfolges. Dazu mag beigetragen haben, daß der baritonale Gardel bei unzureichender Aufnahmetechnik weniger verzerrt wiedergegeben wurde als die Tenorstimmen seiner Konkurrenten.

Die Interpretation des Tangoliedes bleibt im Jahrzehnt nach 1917 generell der Gitarrenbegleitung verpflichtet. Mit der Aufnahme des Gesangs in die Formation der *orquesta típica* ergibt sich aber als neuer Part der Auftritt sogenannter *estribillistas*, die einen Zwischentext beisteuern und dabei gegen das Orchester ansingen müssen. Bereits zuvor wird das Chanson in den zwanziger Jahren aufgewertet durch seine tragende Rolle in populären *Sainetes*, die als volkstümliches Singspiel auf der Theaterbühne eine argentinische Antwort auf die typisch spanische Operette *(zarzuela)* darstellen. Zahlreiche frühe Tangos finden nach erfolgreicher Aufführung im Sainete auch den Weg in die Ätherwellen, wo sie von Gardel und Corsini aufgegriffen werden, daneben durch Sängerinnen wie **Azucena Maizani** und **Rosita Quiroga**, die über das Radio große Popularität erzielen. Schließlich stellt sich auch der orchestrale Tango auf Gesangsbegleitung um und

kennt in Gestalt des *vocalista* fortan einen Leadsänger, der die Tangotexte voll zur Geltung bringt. Die enge Zusammenarbeit bekannter Gesangsinterpreten mit großen Orchestern ist mit den Vierzigern die Regel.

Zwar bleibt Gardel über Jahrzehnte stilprägend und ist es manchem bis heute. Einzelnen Interpreten gelingt aber schon früh die Ausprägung eines eigenen Profils, das sich von *Der Stimme* deutlich emanzipiert. Mit seinen Salon-Tangos markiert beispielsweise Juan Pérez de la Riestra (1907-90), bekannt unter seinem Künstlernamen **Charlo**, den endgültigen Übergang vom Bänkelgesang zur elegant-sentimentalen Orchesterinterpretation. **Edmundo Rivero** (1911-86) und **Julio Sosa** (1926-64) haben die goldenen Tango-Jahre durch ihre Baritonstimmen begleitet und brachten dem Chanson ein hohes Maß individueller Prägung: Einzelne Titel werden bis heute mit diesen Sängern identifiziert. Daneben steht eine Vielzahl bekannter *vocalistas*, die mit namhaften Orchestern auftreten.

Als bevorzugter Interpret vieler in diesem Buch vorgestellter Tango-Titel mag **Roberto Goyeneche** (1926-94) gelten. Seine wenig lateinische Erscheinung gab Anlaß zu dem Spitznamen *Polaco*. Goyeneche war Nachfahre baskischer Einwanderer und wurde früh als Schauspieler bekannt, durch seine Darbietungen im Tango-Film *Sur* auch in Europa. Zu diesem Zeitpunkt (1987) hatte er nach dem Urteil mancher seine Stimme bereits seit langem eingebüßt. In der Tat sucht ein an Gardel geschultes Publikum den Belcanto beim *Polaco* vergeblich. Während Aufnahmen der vierziger bis sechziger Jahre mit berühmten Orchestern noch die große Dynamik einer ausdrucksstarken Baritonstimme bezeugen, ist vom samtigen Klang in späteren Produktionen nichts mehr zu spüren. In der Zwischenzeit hatte Goyeneche seine Stimmbänder systematisch überstrapaziert, ausschweifender Lebenswandel mit reichlich Alkohol- und Drogenkonsum tat ein übriges. Seine Tangos, obgleich zuvor bereits tausendfach von ihm selbst interpretiert, sind improvisierte Selbstgespräche – nachdenklich, kompromißlos und kantig; oftmals stockend, stolpernd und manchmal hustend, wie aus dem Moment geboren und deshalb authentisch: chronischer Tango in

fortgeschrittenem Stadium. Bis zu seinem Todesjahr 1994 spielte Goyeneche mehr als 60 Schallplatten ein.

Als Interpretin kommt ihm **Susana Rinaldi** (*1936) nahe, die ihre Bühnenausbildung nicht verleugnen kann, dem französischen Chanson manches verdankt und mit einer sprachbetonten, artikulationsstarken Präsentation das Textrepertoire regelrecht zelebriert. Mit ihrem metallisch-dunklen Timbre ist sie in mancher Beziehung das weibliche Pendant zu Goyeneche; sie wurde allerdings ab Mitte der siebziger Jahre zusehends vom Varieté geprägt, setzt gelegentlich statt Bandoneon die Hammondorgel ein und zeigt Arrangements von unterschiedlicher Qualität.

Die Szene am Río de la Plata hat in den zwanziger bis vierziger Jahren wie auch späterhin eine ansehnliche Zahl exzellenter Sängerinnen hervorgebracht. Innerhalb eines Genres, dessen maskuline Prägung eindeutig überwiegt, sind allerdings nur wenige Texterinnen bekannt: Margarita Durán und Azucena Maizani sind hier zu nennen, ferner Mercedes Simone und vor allem María Elena Walsh, die sämtlich auch als Vokalistinnen hervortraten und eine überschaubare Zahl von Titeln hinterließen, die nicht unter die bekannteren zählen. Entsprechend gering ist, wie bereits angesprochen, der Einfluß weiblicher Selbstdarstellung auf das literarische Profil dieses Genres.

Die große Ausnahme bildet die Komponistin und Sängerin **Eladia Blázquez** (*1931), deren expressive Texte ein außergewöhnliches Echo erzielten. Thematisch tritt sie ab Ende der fünfziger Jahre die Nachfolge des früh verstorbenen Discépolo an und verkörpert mit ihren insgesamt 33 Titeln die vielleicht eindrucksvollste Variante einer existentialistischen Tango-Strömung (*El corazón al sur, Sin piel*).

Das Tango-Chanson kennt kein Happyend. Die geglückte Existenz liegt außerhalb seiner Reichweite *(Por qué canto así):*

Porque quise mucho, porque me engañaron	Weil ich liebte und sie mich betrogen
y pasé la vida engarzando ensueños.	hab' ich im Leben Träume gesammelt.
Porque soy un árbol que nunca dio frutos	Weil ich als Baum keine Früchte trug
porque soy un perro que no tiene dueño.	und als Hund meinen Herrn nicht fand
Porque tengo odios que nunca los digo	weil ich den Groll sorgsam verschweige
porque cuando quiero me desangro en besos.	weil ich in Liebe an Küssen verblute.
Porque quise mucho y no me han querido	Denn ich hab' geliebt und fand keine Liebe
Por eso yo canto tan triste, por eso.	darum, nur darum klingt traurig mein Lied.

Das Publikum ist vermutlich zuweilen besser bedient mit einem romantischen Bolero oder karibischen Rhythmen, wie sie in Deutschland unter dem Sammelbegriff *Salsa* Triumphe feierten. Der Tango bleibt als Angebot und offeriert seine Begleitung für gewisse Stunden – die freilich hin und wieder länger dauern.

Die Stimme des Tango

Che, bandoneón

El duende de tu son, che, bandoneón
se apiada del dolor de los demás
y al estrujar tu fueye dormilón
se arrima al corazón que sufre más.

Der Kobold deines Klangs, che Bandoneon
des Leids der ander'n sich erbarmt
wenn er schlaftrunken deinen Balg zusammenzieht
und dabei ein verletztes Herz umarmt.

Um das Jahr 1845 entwickelt der Krefelder Musiklehrer Heinrich Band ein neuartiges Zuginstrument, das in den folgenden Jahrzehnten unter dem Namen seines Erfinders in Deutschland große Verbreitung erzielt. Ohne die Leistungen des Musikalienhändlers Band zu schmälern, ist diese Errungenschaft allerdings weniger genial, als es gemeinhin dargestellt wird: Akustische Experimente mit luftgetriebenen Metallzungen sind seit Beginn des vergangenen Jahrhunderts an der Tagesordnung. Auf die Mundharmonika folgt bald die handbetriebene Konzertina, deren Prinzip Heinrich Band zunächst auf 100, später 130 Töne erweitert. Auf verschlungenen Pfaden – genauer gesagt: auf dem Seeweg – gelangt eine fortentwickelte Version dieses *Bandoniums* um 1880 oder auch früher nach Buenos Aires und wird hier von einem abgebrannten Matrosen als Vergütung weiblicher Gefälligkeit in Zahlung gegeben – so will es die Legende. Dem Schriftsteller Humberto Constantini zufolge ging das erste Bandoneon im Januar 1868 in Begleitung eines deutschen Seemanns aus Cuxhaven von Bord des unter schwedischer Flagge fahrenden Frachters Landskrona. Wahrscheinlich kam aber zunächst eine Konzertina in Begleitung deutscher Auswanderer schon vor 1860 auf argentinischen Boden. Für den wenig später entstehenden Tango indes ein Glücksfall: Das Bandoneon, leicht zu transportieren und inzwischen mit der beachtlichen Reichweite von beinahe fünf Oktaven, zeigt sich als idea-

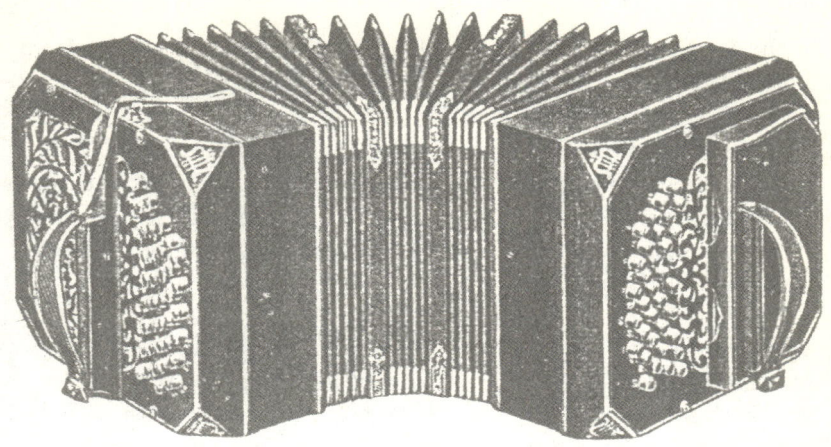

les Begleitinstrument der frühen Straßenensembles. Mit stetig zunehmender Beherrschung seiner spieltechnischen Möglichkeiten und dem
Import Tausender Instrumente aus Deutschland wird es schließlich
zur tragenden Stimme des Tango. Der argentinische Absatzmarkt
erweist sich für den deutschen Musikalienhandel als einträgliches
Geschäft. Zwischen Mitte des vergangenen Jahrhunderts und dem
Zweiten Weltkrieg bringt es der deutsche Bandonion- und Konzerti-
na-Bau auf weit über 200 Betriebe; vor allem im Erzgebirge fertigen
die Firmen von Ernst Ludwig Arnold und Alfred Arnold für Buenos
Aires.

Mit dem Jahre 1927 etabliert sich das 144tönige *Einheitsbandonion*,
während Instrumente mit der älteren *rheinischen* Tastatur (142 Töne)
weiterhin dem Export vorbehalten sind. Argentinische Virtuosen zeigen sich deshalb zuweilen enttäuscht, wenn sie in Deutschland ver-
fügbare Instrumente nicht auf Anhieb beherrschen. Am La Plata hat
sich der Bandoneon-Instrumentenbau niemals durchgesetzt; die dor-
tigen Interpreten schwören bis heute auf die legendäre Handarbeit
der längst untergegangenen Firma Alfred Arnold (AA) in Carlsfeld
(vgl. Lambert in du/97). Nachdem die Produktion in den Nachkriegs-
jahren allgemein zum Erliegen kam, versucht sich in jüngster Zeit
das technisch weiterentwickelte 152tönige Bandoneon von Klaus
Gutjahr in Berlin als vorläufig letzte Variante auf dem deutschen wie
argentinischen Markt. Wenige private Sammlungen zeugen heute von
der Modellbreite des deutschen Bandoneonbaus.

In den Händen seiner großen Interpreten wird dieses Instrument zum Skalpell, das verborgene Kammern im Herzen des Publikums seziert: scharf und schneidend der Diskant, warm und sonor die Bässe. Charakteristisch sind hier die enormen Artikulationsmöglichkeiten eines über Knie geführten Blasebalgs: über Stakkato, Schluchzen und Wimmern läßt sich durch geschickten Einsatz technischer Möglichkeiten eine ganze Bandbreite menschlicher Gefühlsregungen reproduzieren *(Fueye)*:

Cuando llegó te oí reír	Dein Lachen hörte ich, sie zu begrüßen
cuando se fue lloró tu son.	und unter deinen Tränen ging sie fort.
En tu teclado está como escondida	In deinen Knöpfen ist dir mitgegeben
hermano bandoneón, toda mi vida.	Freund Bandoneon, mein ganzes Leben.

Gelegentliche Vergleiche des Instrumentes mit einer Frau, etwa bei Piazzolla (der das Bandoneon auch als seinen Psychoanalytiker bezeichnete), sind nicht weit hergeholt und weniger machohaft, als es den Anschein hat. Seine Interpreten zahlen allerdings den Preis einer schwer zu beherrschenden Technik, die jahrzehntelange Übung erfordert. Die Verwendung des weltweit verbreiteten und leichter spielbaren Akkordeons wird jedoch als Dekadenzerscheinung des europäischen Tango abgelehnt *(Che, bandoneón)*:

Bandoneón, hoy es noche de fandango	Bandoneon, heute tanzen die Gespenster.
y puedo confesarte la verdad:	Willst du von mir die Wahrheit wissen?
Copa a copa, pena a pena,	Glas für Glas, Schmerz auf Schmerz
tango a tango	Tango um Tango
embalado en la locura	schon vom Irrsinn eingenebelt
del alcohol y la amargura.	und vom Schnaps der Bitterkeit.

Daß dieses Instrument den Weg nach Buenos Aires und dort im Halbweltmilieu begeisterte Aufnahme fand, gilt als ein Treppenwitz der Musikgeschichte. Ursprünglich diente das Bandoneon mittellosen Kirchengemeinden im Bayerischen Wald als musikalischer Ersatz des Harmoniums und wurde deshalb vor allem bei Bestattungen eingesetzt; so zumindest lautet eine weitere, in Buenos Aires hartnäckig verteidigte Legende. In seiner Version mit 144 Tönen war Heinrich

Bands Erfindung jedoch in Deutschland bis zum Zweiten Weltkrieg vor allem im proletarischen Umfeld weithin verbreitet und wurde in der Regel ohne Notenkenntnisse gespielt. Die Partitur der *Dreigroschenoper* von Brecht/Weill nennt das Bandonion. Bis heute finden sich vereinzelte Orchester beispielsweise in Hamburg oder Essen als Überbleibsel einer einstmals flächendeckenden Musikkultur: Vertreter einer aussterbenden Gattung, deren Tango-Interpretationen mit unserem Thema wenig gemein haben. Daß sich das Bandoneon jedoch heute mehr denn je auf dem internationalen Parkett behaupten kann, ist ein Verdienst Astor Piazzollas und seiner Schüler *(Che, bandoneón)*:

Bandoneón, para qué nombrarla tanto?	Bandoneon, nenn' nicht immer ihren Namen
No ves que está de olvido el corazón?	spürst du nicht, daß mein Herz vergessen will?
Y ella vuelve noche a noche	Und Nacht für Nacht
como un canto	kehrt sie zurück wie ein Refrain
en las gotas de tu llanto	im Schluchzen deines Klangs
che, bandoneón.	che Bandoneon.

In der Heimat des Tango gewinnt das Bandoneon nach der Jahrhundertwende zunehmend Terrain und erweist sich schon bald als unverzichtbar. Eine tango-typische Artikulation ist an seine Technik und Akustik gebunden. Bereits in der Frühgeschichte treten einzelne Orchesterleiter als Virtuosen dieses Instrumentes hervor, neben Juan Maglio und Vicente Greco vor allem der *Bandoneon-Tiger* Eduardo Arolas (1892-1924), der am Übergang zur *Neuen Garde* steht. Sein Schicksal ist gewissermaßen exemplarisch für den Kriminal-Tango: Vermutlich bei einer Messerstecherei findet er zweiunddreißigjährig in Paris ein frühes Ende. Breitere Wirkung ist Pedro Maffia (1899-1967) beschieden, der neben der Komposition zahlreicher Titel die spieltechnischen Möglichkeiten des Instrumentes erweitert und Maßstäbe setzt, die jedoch bald übertroffen werden.

Eine Vielzahl von Virtuosen macht im Gefolge der Neuen Garde und späteren Avantgarde von sich reden: José Libertella, Luis di Matteo, Nestor Marconi, Rodolfo Mederos, Juan José Mosalini, Eduardo Rovira und Dino Saluzzi, um nur einige der bekannteren zu nennen. Dennoch hat sich das Andenken an **Aníbal Troilo** (1914-75)

bis heute nicht verloren. Der beleibte *Pichuco* dominierte mit seinen Ensembles die Tango-Szene der vierziger und fünfziger Jahre. Durch enges Zusammenwirken mit Textern und Sängern hinterläßt Troilo auch als Komponist zahlreicher Chansons ein reiches Erbe. Seine melancholischen Bandoneon-Solos phrasieren nicht selten die Gesangsstimme und unterstreichen die Textaussage als musikalisches Echo. Der überragende Orchesterchef Pichuco prägt nicht zuletzt einen jungen Musiker namens Piazzolla, der ihn zeitlebens als Vorbild nannte – allerdings sollte er seinem Lehrer bald über den Kopf wachsen.

Die Gestalt Astor Piazzollas befindet sich inzwischen auf bestem Wege zur zeitlosen Kultfigur. 1921 in Mar del Plata südlich der argentinischen Haupstadt geboren, verbringt er seine Jugendjahre in New York. Mit dem Tango beginnt er früh genug, um es selbst in diesem schwierigen Genre weit zu bringen: Im Alter von neun Jahren erhält Piazzolla ein Bandoneon, legt dieses Instrument fortan nie mehr für längere Zeit aus der Hand und hat als Dreizehnjähriger einen Filmauftritt mit Carlos Gardel. Später spielt er in Kaschemmen

und Bordellen von Buenos Aires, gilt bei Pichuco als hoffnungsvoller Nachwuchsinterpret, leitet sein eigenes Ensemble – bis zur großen Zäsur: Knapp über dreißig, wendet sich Piazzolla dem Klavier und der Klassik zu, geht 1954 für einige Zeit als Stipendiat nach Paris und sagt dem Tango scheinbar endgültig Adiós. Bereits legendär ist seine Begegnung mit der Ravel-Schü-

lerin Nadia Boulanger, die im Tangokomponisten den eigentlichen Piazzolla erkennt und ihn zum Rückgriff auf die Ursprünge ermuntert. Allerdings tut er dies auf seine Weise und kreiert Mitte der fünfziger Jahre den *Tango Nuevo*.

Seine außergewöhnlich produktive Kreativität bringt rund 350 Werke hervor, die er bei weltweiten Auftritten mit wechselnden Ensembles zumeist als Quintett oder Oktett interpretiert. In seinem letzten Lebensjahrzehnt genießt Piazzolla bereits höchstes Ansehen auf dem internationalen Parkett und gewinnt seinem Instrument wie dem konzertanten Tango unzählige Anhänger. Seine Einspielungen, vor allem zahlreiche nach seinem Tod 1992 wiederedierte CDs, füllen ganze Regale. Neben Stücken für Bandoneon steht nicht zuletzt Filmmusik im Mittelpunkt seines Schaffens. Anklänge an Jazz und Klassik sind unüberhörbar, manche Stücke entfernen sich auch rhythmisch weit vom Kanon landläufig-traditioneller Tango-Vorstellungen.

Kein anderer Musiker wurde über Buenos Aires hinaus mehr diskutiert, von Traditionalisten geschmäht, nicht selten angefeindet, und spaltet die Tango-Anhänger bis heute in zwei Lager: vor und mit Piazzolla. Puristen sprachen ihm zuweilen das Recht ab, seine Kreationen überhaupt *Tangos* zu nennen. Durch seine *Musik aus Buenos Aires* schuf er womöglich eine

neue Gattung, die über ihren emotionalen Gehalt von Entwurzelung und Vereinzelung dem Lebensgefühl eines Asphaltdschungels Ausdruck verleiht. Mit formalen Kriterien läßt sich aber in punkto Tango generell nur schwer argumentieren. Es kommt auf jene Botschaft an, die auch den Werken Piazzollas innewohnt und heute mehr denn je verstanden wird.

Gleich dem Tango avancierte auch das Bandoneon zum unverzichtbaren Bestandteil argentinischer Kultur: Es wurde zur Stimme, die nicht verstummt, solange diese Musik weltweit gehört, geliebt und getanzt wird. Die Chancen dafür stehen, trotz allgemeiner Krise musikalischer Folklore, nicht schlecht.

Piazzolla bewies Weitblick, wenn er seine Tangos gelegentlich als *Musik für die Jugend von morgen* bezeichnete. Noch unlängst schien es, als sei der Zutritt ins Tango-Imperium wenigen Auserwählten vorbehalten, denn das Warnschild des Steppenwolfs versperrte jahrzehntelang den Zugang: *Eintritt nur für Verrückte.*

Nicht der Tango, die Zeiten haben sich geändert. Mit dem Verlust sozialer Bindungen, mit wachsendem Konkurrenzkampf, Isolation und Vereinsamung in einer anonymer werdenden Gesellschaft beweisen seine Themen ihre ungebrochene Aktualität – und je schlechter es uns geht, desto besser steht es um den Tango.

Das kurze Lied zum langen Abschied

Psychoanalyse des Tango

Man kommt nicht umhin, den in diesem Buch zitierten Tango-Autoren hochgradige Sensibilität zu bescheinigen, mehr noch: eine geradezu seismographische Wiedergabe der eigenen Gemütslage. Die subtile Schilderung ambivalenter Stimmungen erreicht nicht selten eine Präzision, die sich der sprachlichen Wiedergabe in der Übertragung aus dem Spanischen weitgehend entzieht. Als Beispiel dient uns hier ein Text Alfredo Le Peras aus dem Spielfilm *El tango en Broadway* (1934), der die prekäre Situation geheimgehaltener Liebe thematisiert *(Soledad)*:

En la doliente sombra de mi cuarto al esperar	Im Schatten meines Zimmers muß ich einsam harren
sus pasos que quizás no volverán	auf ihren Schritt, der vielleicht niemals wiederkehrt.
a veces me parece que ellos detienen su andar	Bald scheint es mir, als halte sie im Gehen inne
sin atreverse luego a entrar.	und wagt es nicht und kommt doch nicht herein.
Pero no hay nadie, ella no viene	Doch ist da niemand, denn sie wird nicht kommen.
es un fantasma que crea mi ilusión	Allein das Trugbild meiner Wünsche, das
y que al desvanecerse va dejando su visión	sobald es sich zersetzt
cenizas en mi corazón.	im Herzen Asche nur mir hinterläßt.

Eine bis zur Unerträglichkeit zwiespältige Gemütslage ist hier präzise skizziert. Die Liebe hinter geschlossenen Fensterläden, emotionale Abhängigkeit von der Geliebten, die eine ambivalente Haltung nicht überwinden kann, Ahnung der bevorstehenden Trennung und eine bereits vorausgefühlte Depression für die Zeit danach. Es ist diese Echtheit, diese ungefilterte Wahrnehmung bedrohlicher Stimmungen, die den Tango profiliert und von jener gefühlsduseligen

Romantik unterscheidet, wie sie in durchschnittlichen Schlagertexten die Regel ist.

»Im Tango wird argumentiert und rational begründet und nicht ein vages Gefühl von Traurigkeit vorgegaukelt. In keinem Text gibt es Traurigkeit um ihrer selbst, sondern konkrete Verlustanzeigen. Man ist im Tango nicht deprimiert traurig, sondern trauert um etwas: eine durchgebrannte Geliebte, ein einstmals idyllisches Stadtviertel, den Glauben an die eigene oder fremde moralische Integrität etc.« (Reichardt 1984: 173).

Dem ist nicht zu widersprechen. Der Tango ist gemeinhin aufrichtig bis zur Schmerzgrenze; geborgte Gefühle sind ihm fremd, er kennt keine *geborgte Leidenschaft* (Reichardt), sondern stets die eigene. Freilich gilt diese Feststellung einer Vielzahl, doch längst nicht allen Tango-Texten. Im Laufe einer mehr als hundertjährigen Geschichte hat sich unter Tausenden von Chansons manches gesammelt, das den oben skizzierten Kriterien nicht genügen kann. Es findet sich ein gehöriges Maß an musikalischen wie literarischen Fehlleistungen, deren weinerliche Peinlichkeit zuweilen nicht zu Herzen, sondern auf die Nerven geht.

Daß man im übrigen mit dem Tango durchaus Politik machen kann, beweist unter anderen das von Nelly Omar 1948 eingespielte Lied *La descamisada* (Die Hemdlose), ein devoter Kniefall vor *Evita*, dessen prosaische Aufzählung peronistischer Slogans und phantasielose Begleitmusik im Stil des Pasodoble die Kaderdisziplin einer Parteischule heraufbeschwört. Gegenbeispiel ist der parodistische *Tango de las madres locas* des andalusischen Liedermachers Carlos Cano (1983), der skandalöse Menschenrechtsverletzungen unter dem argentinischen Militärregime thematisiert.

Was Tango ist und was nicht, darüber entscheidet die Echtheit des Gefühls – es handelt sich also um eine äußerst subjektive Kategorie. Der Tango ist sich aber längst historisch geworden und zeigt eine gewisse Neigung zur eigenen Parodie. Wie sich hier Buenos Aires selbst besingt, wurde sich der Tango selbst zu einem Themenkreis, den er hartnäckig verteidigt. Wie Laternen, Filzhüte und Bandoneons zu den unverzichtbaren Requisiten seines traditionellen Ambiente gehören, bestimmen Nostalgie, Abschied und Einsamkeit die dazu passende Gefühlswelt mit stereotyper Regelmäßigkeit. Sind derartige emotionale Versatzstücke jedoch nicht von lebendigem Gefühl getragen und jeweils neu erlebt, besser noch erlitten, sondern lediglich als literarisches oder musikalisches Zitat pflichtschuldig kolportiert, so besteht die Versuchung einer brillantinetriefenden Karikatur, die bald den unvermeidlichen Carlos Gardel bis zum Überdruß bemüht, bald dem wehrlosen Publikum ein melodramatisches Gefühlschaos offeriert. Mancher Texter, Komponist oder Interpret ist dieser Verführung erlegen, nicht zu reden von den Entgleisungen des europäischen Kriminaltango.

Zudem ändert sich die Tango-Thematik in Abhängigkeit von wechselnden Zeitumständen. Nach der Jahrhundertwende besingen Chansons vor allem eine verlorene ländliche Idylle, die von der Stadtbevölkerung nostalgisch erinnert wird. Zu diesem frühen Zeitpunkt ist der Tango schon anachronistisch und hat diesen Blick zurück auch später niemals aufgegeben. Bereits *Mi noche triste* (1917) spielt aber nicht mehr auf dem zurückgelassenen *rancho*, sondern in der gemieteten Bude eines heruntergekommenen großstädtischen *conventillo*. Neben dem stets wortführenden erotischen Thema steht jetzt soziale Marginalisierung im Mittelpunkt der Texte, in den Zwanzigern und Dreißigern zuweilen die Lebenswelt der Arbeiterschaft. Später öffnet sich der Tango mit Discépolo dem universalen Anliegen des Scheiterns und mündet ab den Fünfzigern nicht selten in einen kategorischen Existentialismus.

Eine historische Biographie des Tango-Protagonisten führt von Entwurzelung und Identitätsverlust des Emigranten zum gesellschaftlichen Überlebenskampf, vom sozialen Scheitern zur Hoffnung auf Geborgenheit in der erotischen Beziehung, aus der Enttäuschung über das Verlassenwerden schließlich zu Vereinzelung, Zweifel am Sinn des Lebens und einer existentialistischen Grundhaltung. Der Tango erzählt die Geschichte einer permanenten Kontrasterfahrung und ihrer kräftezehrenden Verarbeitung. Er avanciert zum Modetrend, wenn breitere Schichten aufgrund sozialer Verhältnisse und einer am eigenen Leibe erfahrenen Ausgrenzung für seine Mentalität empfänglich werden.

Die seismographische Wiedergabe menschlicher Empfindung ermöglicht dem Tango die für ihn typische Argumentation und weist ihn als *poetische* und *musikalische Psychoanalyse* aus. Eine schmerzliche Erfahrung, die zur Lebenshaltung wurde, ist hier als Kunstform verewigt, deren Inhalt nach wie vor verstanden wird. Wo die Möglichkeiten der Mitteilung zur Neige gehen, kann der Tango hilfreich einspringen und wird jenen zur Therapie, die sein Grundmuster in sich selbst wiedererkennen *(Discepolín):*

Te duele como propia la cicatriz ajena:	Die fremde Narbe schmerzt wie deine:
aquél no tuvo suerte y ésta no tuvo amor.	Jene fand kein Glück und diese keine Liebe.

Parallelen zum psychoanalytischen Modell sind offensichtlich. Dies kann nicht verwundern, wurde doch Buenos Aires seit Beginn der dreißiger Jahre, nicht zuletzt durch die Immigration deutschsprachiger Mediziner, zu einem Mekka der Tiefenpsychologie – ein Umstand, der an den späten Tango-Texten nicht spurlos vorüberging. Die Argentinische Psychoanalytische Vereinigung (APA) wurde 1942 gegründet; heute soll Buenos Aires rund 20.000 niedergelassene Therapeuten zählen (Kremlicka 1994). Allerdings erhielten zahlreiche Ärzte ihre Ausbildung in Paris. Die argentinische analytische Schule ist stark vom strukturalistischen Ansatz des französischen Psychiaters Jacques Lacan geprägt. Folge waren Grabenkämpfe zwischen Freudianern, Lacan-Schülern und Änhängern von Melanie Klein.

Die in Buenos Aires und in geringerem Umfang in Montevideo überbordende Tango-Literatur bietet zu einem erheblichen Teil historisch und biographisch orientierte Publikationen, die sich an ein ausgesprochenes Liebhaberpublikum wenden, zu Liedern, Ensembles und Interpreten zahllose Details beisteuern und ein eher archivarisches Interesse befriedigen (Wer hat was wann und mit wem gesungen, gespielt oder komponiert? Die Frage nach dem *Warum* wird zumeist nicht beantwortet). Anders steht es um essayistische Beiträge (etwa Sábato 1976, hier 1997), die einen breiten Zugang erschließen wollen.

Der im Rang eines Nationaldichters stehende Jorge Luis Borges (1899-1986) hat im Laufe eines langen Lebens widersprüchliche Aussagen über das Tango-Genre getätigt, die streckenweise von Unkenntnis und Mißverständnis geprägt sind. Sein früher Aufsatz über die Ursprünge des Tango (Borges 1930, hier 1991) strotzt von soziologischen Fehleinschätzungen und wirkt bei heutiger Lektüre geradezu borniert. Nach Auffassung des berühmten Schriftstellers ist der Tango musikalisch bedeutungslos, ästhetisch abstoßend und moralisch eher fragwürdig; daß Borges das Piano unter die frühen Tango-Instrumente zählt – nach seiner Auskunft war es in bessergestellten Bordellen anzutreffen – sagt mehr über großbürgerliche Vorstellungen des Autors als über historische Fakten. Spätere Bemerkungen zu Gardel bewegen sich am Rande der Diffamierung (bei Aravena 1989). Dennoch ist gerade die Perspektive des in Europa gerne und häufig zitierten Borges aufschlußreich, zeugt sie doch vom ambivalenten Verhältnis der argentinischen Elite gegenüber einem musikalischen Genre, das ihr von Beginn an suspekt erschien. Der Tango wurde zunächst nach Kräften diskreditiert und schließlich widerstrebend in den Fundus des nationalen Kulturerbes integriert. Der späte Borges trat mit Balladen und Lobreden auf den Tango hervor und textete gern für erfolgreiche Interpreten vom Schlage Piazzollas (z.B. *Alguien le dice al tango*).

Seit den fünfziger Jahren finden sich am La Plata Publikationen, die psychologische Hintergründe thematisieren, allerdings von wechselnder Qualität. Neben seriösen bis originellen Abhandlungen, die ein tiefenpsychologisches Verständnis des Tango vorbereiten und brillante Analysen vorlegen, sind auch Beiträge anzutreffen, deren Verzicht auf inhaltliche Aussage bei gleichzeitig geschwollener Rhetorik Zweifel an der intellektuellen Verfassung des Autors herausfordern (z.B. Hurtado 1994). Wie nicht selten im spanischen Sprachraum (und außerhalb desselben), wird Essayismus zuweilen mit einer Geschwätzigkeit verwechselt, die sich als scheinbar belesene Intellektualität in Szene setzt. Die Bereitschaft zu selbstkritischer Auseinandersetzung mit einem Musikgenre, das die eigene Identität zum Thema hat, ist in der Heimat des Tango offenbar unterschiedlich ausgeprägt.

Die dem Argentinier, vor allem aber den Bewohnern der Hauptstadt *(porteños)* im lateinamerikanischen Kontext nachgesagte Profilneurose – als weitgehend europäisch geformtes und zeitweise enorm wohlhabendes Land dennoch Teil der sogenannten *Dritten Welt* – brachte reichlich therapeutischen Bedarf. Mit Bezug auf die sprichwörtliche Einsamkeit des Porteños als Europäer, der sich am anderen Ende der Welt wiederfindet, wird von Mexiko bis Feuerland folgendes Bonmot herumgeboten: Wie wird man am schnellsten Millionär? Ganz einfach: Man erwerbe einen Porteño um das, was er wert ist; sodann verkaufe man ihn – für das, was er sich einbildet. Der im Tango verewigte Kontrast zwischen Traum und Realität zeigt sich hier von seiner anderen Seite. Einem weiteren *Ondit* zufolge verstehen sich die Porteños als Italiener, die wie Engländer fühlen und davon träumen, Franzosen zu sein. Mit gewisser Selbstironie heißt es in Buenos Aires: Die Mexikaner stammen von den Azteken, die Peruaner von den Inka und die Argentinier von den Schiffen. Das Tango-Duo *Mano a Mano* hat diese Mentalität mehr als einmal parodiert *(Los argentinos)*:

Los argentinos somos vivos porque	Wir Argentinier sind so gewitzt, daß man
somos mucho más que los demás.	uns nirgendwo das Wasser reichen kann.
Por eso es que en todo el mundo admiran	Darum ist unsere Unschlagbarkeit
nuestra contundente superioridad.	auch überall ganz neidlos anerkannt.
Somos tan lindos y tan importantes	Wir sind so schön und so bedeutend
y tan elegante nuestra sobriedad	so elegant und überlegen unser Stil
que en ningún sitio pueden olvidarse	daß man sich unserer Bescheidenheit
de nuestra humildad.	an keinem Ort erinnern will.

Hier spiegelt sich, wie die niemals aufgegebene Europa-Nostalgie der argentinischen Gesellschaft von den ansonsten weithin kolonial und mestizisch geprägten Ländern des Subkontinentes wahrgenommen wird. Seit geraumer Zeit gehört es in Buenos Aires innerhalb breiter Schichten sozusagen zum guten Ton, sich einer möglichst langfristigen und entsprechend kostspieligen Psychoanalyse zu unterziehen: Lehrjahre auf der Couch. Derartige Ausgaben könnte man womöglich erheblich reduzieren, bediente man sich erneut der therapeutischen Ratschläge des Tango, dessen indizierte Leidensfähigkeit die Flucht in neurotische Ersatzbildungen zumindest erschwert. Seine Tiefensicht humaner, hier vor allem maskuliner, Pathologie wirft ein grelles Licht auf die menschliche Existenz *(La última)*:

Ya adivino al mirarte	Schon von weitem kann ich spüren:
que no te han querido bien.	Man hat dich nicht genug geliebt.

Tango-Lieder

Zitierte Liedtexte

Arrabal amargo (Le Pera / Gardel) 1934
Cambalache (Discépolo) 1935
Carrousel (Silva / Pontier)
*Che bandoneón (Manzi / Troilo) 1948
Como nos cambia la vida
*Cuesta abajo (Le Pera / Gardel) 1933
De mi barrio (Goyeneche) 1925
Desencanto (Discépolo / Amadori) 1937
*Desencuentro (Castillo / Troilo) 1960
Discepolín (Manzi / Troilo) 1951
El corazón al sur (Blázquez) 1975
El motivo (Contursi / Cobián) 1920
*En esta tarde gris (Contursi / Mores) 1941
*Equipaje (Bahr / Arola) 1944
Francesita (Vacaretta / Delfino) 1924
*Fueye (Manzi / Charlo) 1948
Galleguita (Pettorossi / Navarrine) 1924
Gárua (Cadícamo / Troilo) 1943
Griseta (Castillo / Delfino) 1924
*La cumparsita (Contursi / Maroni / Matos) 1924
La descamisada (Maroni / Helú) 1948
*La última (Camilloni / Blanco) 1957
La última curda (Castillo / Troilo) 1956
Llorar por una mujer (Cadícamo / Rodríguez) 1941
Los argentinos (Olivella) 1990
*Los mareados (Cadícamo / Cobián) 1942
Madame Ivonne (Vardícamo / Pereyra) 1933
*Malena (Manzi / Demare) 1942
Madreselva (Le Pera / Gardel) 1931
Mano a mano (Flores / Gardel / Razzano) 1920
*Maquillaje (Expósito) 1956
*María (Castillo / Troilo) 1945
*Mi Buenos Aires querido (Le Pera / Gardel) 1934

Milonguita (Linnig / Delfino) 1920
Mi noche triste (Contursi / Castriota) 1916
*Naranjo en flor (Expósito) 1944
No te engañés, corazón (Cafaro / Sciammarella) 1926
*Nostalgias (Cadícamo / Cobián) 1935
Pasional (Caldara / Soto) 1951
Pompas de jabón (Cardícamo / Goyeneche) 1925
*Por la vuelta (Tinelli) 1938
Por qué canto asi (Flores / Razzano) 1929
*Por una cabeza (Le Pera / Gardel) 1935
Qué falta que me hacés (Silva / Calo / Pontier) 1963
Quién lo había de pensar (Martínez / Rufino)
Rencor (Amadori / Pérez) 1932
*Ser (Guzmán / Mandy) 1970
Sin lágrimas (Contursi / Charlo)
*Sin piel (Blázquez) 1970
*Soledad (Le Pera / Gardel) 1934
Sur (Manzi / Troilo) 1948
*Tango triste (Castillo / Troilo) 1946
Tango de las madres locas (Cano) 1981
Tarde (Canet) 1947
Toda mi vida (Contursi / Troilo) 1940
Tomo y obligo (Romero / Gardel) 1931
*Uno (Discépolo / Mores) 1943
Vieja recova (Cardícamo / Sciammarella) 1930
Viejo Buenos Aires (Darré / Mores)
*Volver (Le Pera / Gardel) 1935
Volvió una noche (Le Pera / Gardel) 1935
*Vuelvo al sur (Solanas / Piazzolla) 1987
Yira…yira (Discépolo) 1930

Zitierte Liedtexte

*Die mit * bezeichneten Texte sind im folgenden
Liedteil dieses Buches spanisch-deutsch wiedergegeben.*

CHE BANDONEON

El duende de tu son, che, bandoneón
se apiada del dolor de los demás
y al estrujar tu fueye dormilón
se arrima al corazón que sufre más.
Esthercita y Mimí como Ninón
dejando sus destinos de percal
vistieron al final mortajas de rayón
al eco funeral de tu canción.

Bandoneón,
hoy es noche de fandango
y puedo confesarte la verdad
copa a copa, pena a pena
tango a tango
embalado en la locura
del alcohol y la amargura.
Bandoneón
¿para qué nombrarla tanto?
¿no ves que está de olvido el corazón
y ella vuelve noche a noche
como un canto
en las gotas de tu llanto,
che, bandoneón?

Tu canto es el amor que no se dió
y el cielo que soñamos una vez
y el fraternal amigo que se hundió
cinchando en la tormenta de un querer.
Y esas ganas tremendas de llorar
que a veces nos inundan sin razón
y el trago de licor que obliga a recordar
si el alma esta en orsái
che, bandoneón.

Der Kobold deines Klangs, che Bandoneon
des Leids der ander'n sich erbarmt
wenn er schlaftrunken deinen Balg zusammenzieht
und dabei ein verletztes Herz umarmt.
Esthercita und Mimí wie auch Ninón
die einst die Baumwollkleider abgelegt
sie trugen dann am Schluß ein seid'nes Leichentuch
zum Friedhofsecho deines Totenlieds.

Bandoneon
heute tanzen die Gespenster.
Willst du von mir die Wahrheit wissen?
Glas um Glas, Schmerz auf Schmerz
Tango für Tango
schon vom Irrsinn eingenebelt
und vom Schnaps der Bitternis.
Bandoneon
nenn´ nicht immer ihren Namen.
Spürst du nicht, daß mein Herz vergessen will?
Und Nacht für Nacht kehrt sie zurück
wie ein Refrain
im Schluchzen deines Klangs
che Bandoneon.

Dein Klang ist wie die Liebe, die nicht kam
der Himmel, den wir einmal uns erträumt
und wie er unterging, der gute Freund
ächzend im Schiffbruch einer Leidenschaft.
Und diese schlimme Lust zu heulen auch
die manchmal kommt ganz ohne Grund
und Schnaps, der dich erinnern macht
wenn deine Seele längst hinüber ist
che Bandoneon.

CUESTA ABAJO

Si arrastré por este mundo
la verguenza de haber sido
y el dolor de ya no ser
Bajo el ala del sombrero
cuántas veces embozado
una lágrima asomada
yo no pude contener.
Si cruzé por los caminos
como un paria que el destino
se empeñó en deshacer.
Si fui flojo, si fui ciego
solo quiero que comprendan
el valor que representa
el coraje de querer.

Era para mi la vida entera
como un sol de primavera
mi esperanza y mi pasión.
Sabía que en el mundo no cabía
toda la humilde alegría
de mi pobre corazón.
Ahora cuesta abajo en mi rodada
las ilusiones pasadas
ya no las puedo arrancar
Sueño, con el pasado que añoro
el tiempo viejo que lloro
y que nunca volverá.
…

Als ich durch die Welt geschlichen
voller Scham, was einst gewesen
und voll Schmerz, daß nichts mehr blieb
unter meines Hutes Krempe
wohl verstohlen, aber stetig
eine halberstickte Träne
ungehemmt nach oben stieg.
Wenn ich hin und her die Wege kreuzte
Ausgestoß´ner, den das Schicksal
auszutilgen sich bemüht
war bald schwach und war bald blind
will ich doch, daß man versteht
in der Liebe liegt ein Mut
und der ist mein bestes Gut.

Sie war für mich das ganze Leben
wie die helle Frühlingssonne
meiner Hoffnung Leidenschaft.
Sie wußte, daß die Welt nicht faßte
jene bodenlose Freude
an der mein armes Herz zerbarst.
Jetzt geht es die Treppe runter
längst verfloss´ne Illusionen
werden nie mehr ausradiert.
Träume voller Sehnsucht nach dem Gestern
der alten Zeit, die ich beweine
und die niemals wiederkehrt.
…

DESENCUENTRO

Estás desorientao y no sabés
que trole hay que tomar
para seguir.
Y en ese desencuentro con la fé
querés cruzar el mar
y no podés.
La araña que salvaste te picó –
¿qué vas a hacer?
Y el hombre que ayudaste te hizo mal –
dale nomás!
Y todo el carnaval
de vida pisoteó
la mano fraternal
que Dios te dio
…
Amargo desencuentro porque ves
que es al revés.
Creíste en la honradez y en la moral
qué estúpidez!
Por eso en tu total
fracaso de vivir
ní el tiro del final
te va salir.

Du bist verstört und weißt nicht mal
auf welchen Zug du springen kannst
damit es weitergeht.
Und ganz verquer zu deinem Glauben
willst du jetzt wandeln über's Meer
und weißt nicht wie.
Die Spinne stach, die du gerettest hast.
Was willst du machen?
Und dieser Mensch, dem du geholfen hast
er tat Dir weh – hau einfach drauf!
Und dieser ganze Karneval von Leben
zertrampelt jene
Freundeshand
die Gott Dir mitgegeben.
…
Böses Erwachen, wenn du merkst:
Die Welt steht Kopf.
An Ehre und Moral hast du geglaubt:
schön blöd!
Im Scheitern deiner Existenz
am Schluß
gelingt dir nicht einmal
der letzte Schuß.

EN ESTA TARDE GRIS

Qué ganas de llorar en esta tarde gris . . .
En su repiquetear la lluvia habla de ti.
Remordimiento de saber
que por mi culpa nunca
vida . . . nunca te veré.
Mis ojos al cerrar te ven igual que ayer
temblando al implorar de nuevo mi querer
Y hoy es tu voz
que vuelve a mí
en esta tarde gris.

Ven, triste me decías
que en esta soledad
no puede más el alma mía.
Ven, y apiádate de mi dolor
que estoy cansada de llorarte
sufrir y esperarte
y hablar siempre a solas
con mi corazón.
Ven, que te quiero tanto
 que si no vienes hoy
voy a quedar ahogada en llanto.
No, no puede ser que viva asi
con este amor clavado en mí
como una maldición.

No supe comprender tu desesperación
y alegre me alejé en alas de otro amor.
Qué solo y triste me encontré
cuando me vi tan lejos
y mi engaño comprobé.
Mis ojos al cerrar te ven igual que ayer
temblando al implorar de nuevo mi querer
y hoy es tu voz que sangra en mi
en esta tarde gris.

Am grauen Nachmittag die Lust auf Tränen.
Der Regen spricht mit seinem Plätschern nur von dir.
Es quält mich ein Gewissen, das bedenkt
daß wegen meiner Schuld ich dich, mein Leben
niemals wiederseh'.
Schließ' ich die Augen, seh' ich dich wie gestern
zitternd um meine Liebe fleh'n
und deine Stimme
kehrt zurück zu mir
an diesem grauen Nachmittag.

Komm, sprachst du traurig
mein Herz weiß nicht mehr weiter
in der Einsamkeit.
Komm, nimm' dich meines Kummers an
ich bin so müde, nach dir zu weinen
zu leiden und auf dich zu warten
und stets allein im Selbstgespräch
mit meinem Herzen.
Komm, ich liebe dich so sehr
und wenn es heute nicht geschieht
ertrinke ich an meinen Tränen.
Daß ich so weiterlebe, kann nicht sein
mit dieser Liebe wie ein Fluch
in mich hineingebrannt.

Deine Verzweiflung ließ mich kalt
als freudig ich entschwand
auf einer ander'n Liebe Schwingen.
Doch fand ich mich bald einsam und allein
und Abstand ließ den Selbstbetrug erkennen.
Schließ ich die Augen, seh' ich dich wie gestern
zitternd um meine Liebe fleh'n
und deine Stimme blutet jetzt in mir
an diesem grauen Nachmittag.

EQUIPAJE

Mucho llevo y más no quiero
yo completan mi equipaje:
un amor color de cielo
y un rencor color de sangre.
Un sobrante de ternura
que no tuvo en quién quedarse
y un dolor que por constante
no me quiso abandonar.

Ya es muy pesado para quien no tiene
ni un canto amigo que achique penas,
ni una sonrisa que en la tarde espere,
ni una esperanza al llegar de vuelta.
Seria más fácil caminar sin mi equipaje
llevar un cesto de ilusión
y ensueño.
Pero tus manos sin piedad rompieron
todos los sueños de mi corazón.

Trag' schon vieles, kann nichts Neues
zum Gepäck hinzu gebrauchen:
Eine himmelblaue Liebe und
blutrot von Groll getränkt
noch ein Rest an Zärtlichkeiten
die nicht fanden, wem sie galten
und ein Schmerz, der schon seit langem
nicht mehr von mir weichen will.

Es ist schon mühsam, wenn du
Kummer zu lindern, keinen guten Freund hast
und auch kein Lächeln abends auf dich wartet
und nicht die Hoffnung einer Heimkehr winkt.
Einfacher wär' es, ohne mein Gepäck zu reisen
mit einem Korb voll Hoffnung
einem Traum statt dessen
doch deine Hände haben unnachsichtig
mir jeden Herzenstraum kaputtgemacht.

FUEYE

Cuando llegó te oí reir
cuando se fue lloró tu son.
En tu teclado está como escondida
hermano bandoneón, toda mi vida.
Con tu bruta devoción está encendida
la llama oscura de su ausencia y de mi amor.
Cuando llegó te oí reir
cuando se fue voz de rencor.

Fueye, no andes goteando tristezas
fueye, que tu rezongo me apena.
Vamos, noy hay que perder la cabeza
vamos, que ya sabemos muy bien
que no hay que hacer
que ya se fue de nuestro lao
y a los dos nos ha tirao
al rincón de los recuerdos muertos.
Fueye, no andes goteando amargura
Vamos, hay que saber olvidar.
...

Dein Lachen hörte ich, sie zu begrüßen
und unter deinen Tränen ging sie fort.
In deinen Knöpfen ist dir mitgegeben
Freund Bandoneon, mein ganzes Leben.
In wilder Inbrunst steckst du dunkle Kerzen an
für ihren Abschied und für meine Liebe.
Dein Lachen hörte ich, sie zu begrüßen
und Groll in deiner Stimme, als sie ging.

Blasebalg, der Trauer weint
dein Gewimmer dauert mich.
Jetzt bloß nicht den Kopf verlieren
denn beide wissen wir genau
daß nichts zu machen ist.
Sie hat uns nämlich sitzen lassen
und in der Ecke abgestellt
wo tote Souvenirs sich türmen.
Blasebalg, weine keine Bitternis
jetzt heißt es vergessen können!
…

LA CUMPARSITA

Si supieras que aún dentro de mi alma
conservo aquel cariño
que tuve para vos.
Quién sabe si supieras
que nunca te he olvidado
volviendo a tu pasado
te acordarás de mí.

Los amigos ya no vienen
ni siquiera a visitarme
ndie quiere consolarme
en mi aflicción.
Desde el día que te fuiste
siento angustias en mi pecho.
Decí percanta,qué has hecho
de mi pobre corazón?

El cotorro abandonado
ya ni el sol de la mañana
asoma por la ventana
como cuando estabas vos
y aquel perrito compañero
que por tu ausencia no comía
al verme solo el otro día
también me dejó.

Wenn du wüßtest, daß tief in meinem Innern
mein Herz noch schlägt
für dich.
Ja, wenn du doch nur wüßtest
daß ich dich nicht vergesse
als Schatten deines Gestern
denkst du vielleicht an mich.

Meine Freunde
lassen sich nicht blicken
und keiner, mich zu trösten
in diesem Loch.
Seit jenem Tage, als du fortgingst
ist mein Herz so schwer.
Sag mal, Kleine
was hast du nur aus mir gemacht?

Unser Hof so ganz verlassen
und die liebe Morgensonne
lacht nicht mehr durch diese Fenster
wie zuvor, als du hier warst
und mein Freund, der kleine Hund
der nicht fraß, weil du nicht kamst
als er mich verlassen sah
eines Tages ging auch er.

LA ULTIMA

Ya no puedo equivocarme
sos la última en mi vida,
y es la última moneda
que me queda por jugar.
Si no gano tu cariño
la daré por bien perdida
ya que nunca más mi vida
me permitirá ganar.

Te confieso deslumbrado
que no esperaba tal cosa.
Ya estan luciendo mis sienes
pinceladas de marfil,
ya mi patio abandonado
no soñaba con la rosa
y se realizó el milagro
con la última de abril.

Sos la última y espero
que me traigas la ternura,
esa que he buscado en tantas
y que no puedo encontrar.
Ya no quiero pasionismo
ni amorio, ni aventura...
Yo te quiero compañera
para ayudarme a luchar.
...

Kein Vertun, du bist die letzte
wohl die letzte meines Lebens
und am Schluß die letzte Münze
die mir noch als Einsatz bleibt.
Gewinne ich nicht deine Liebe
kann ich sie verloren geben
hält mir doch das ganze Leben
keine neue Chance bereit.

Ich bekenne dir geblendet:
du bist mehr, als ich erwartet
glänzen doch schon meine Schläfen
bald in Marmor angegraut
und mein Haus so ganz verlassen
träumte nicht mehr von der Rose
die im späten Herbst als letzte
wie ein Wunder aufgeblüht.

Du bist die Letzte und du bringst
mir vielleicht die Zärtlichkeit
die ich bei so vielen suchte
und bis heute niemals fand.
Will ja keine Eintagsblüten
Abenteuer, Liebeleien
heute such' ich die Gefährtin
die mir treu zur Seite steht.
…

LOS MAREADOS

Rara, como encendida,
te hallé bebiendo, linda y fatal.
Bebías, y en el fragor del champán
loca reías, por no llorar.
Pena me dio encontrarte
pues al mirarte yo vi brillar
tus ojos con un eléctrico ardor,
tus bellos ojos que tanto adoré.

Esta noche, amiga mía
el alcohol nos ha embriagado.
Qué me importa que se rian
y nos llamen los mareados!
Cada cual tiene sus penas
y nosotros las tenemos.
Esta noche beberemos
porque ya no volveremos
a vernos más . . .

Hoy vas a entrar en mi pasado,
en el pasado de mi vida
tres cosas lleva mi alma herida:
Amor, Pesar, Dolor.
Hoy vas a entrar en mi pasado,
hoy nuevas sendas tomaremos.
¡Qué grande ha sido nuestro amor!
y, sin embargo, ¡ay!
mirá lo que quedó!

Seltsam, fast wie entzünded
traf ich dich trinkend: schön und gescheitert.
Du trankst, und im schäumenden Sekt
dein irres Lachen – um nicht zu weinen.
Weh tat´s, dich so zu finden
ich sah das Flackern in deinem Blick
in den Augen ein unstetes Feuer
die ich einmal so angebetet hab'.

Heute Nacht, meine Geliebte
hat der Alkohol uns wieder.
Meinetwegen laß sie lachen
und uns die Beschwipsten nennen.
Hat doch jeder seinen Kummer
und wir haben ihn, weiß Gott.
Heute abend laß uns trinken
denn wir seh´n uns heute
zum letzten Mal.

Heute schon bist du mein Gestern
liegst im Schatten meines Lebens.
Drei Dinge fühlt mein krankes Herz:
Liebe, Reue und Schmerz.
Heute schon bist du mein Gestern
und wir geh´n getrennte Wege.
Wie groß war diese Liebe
doch schau, was uns
davon blieb!

MALENA

Malena canta el tango como ninguna
y en cada verso pone su corazón.
A yuyo del suburbio su voz perfuma
Malena tiene pena de bandoneón.
Tal vez allá en la infancia, su voz de alondra
tomó ese tono oscuro de callejón
o acaso aquel romance, que sólo nombra
cuando se pone triste con el alcohol.
Malena canta el tango con voz de sombra
Malena tiene pena de bandoneón.

Tu canción
tiene el frío del último encuentro.
Tu canción
se hace amarga en la sal del recuerdo.
Yo no sé
si tu voz es la flor de una pena.
Solo sé que al rumor de tus tangos, Malena
te siento más buena,
más buena que yo.

Tus ojos son oscuros como el olvido;
tus labios apretados como el rencor;
tus manos dos palomas que sienten frío;
tus venas tienen sangre de bandoneón.
Tus tangos son criaturas abandonadas
que cruzan sobre el barro del callejón
cuando todas las puertas estan cerradas
y ladran los fantasmas de la canción.
Malena canta el tango con voz quebrada.
Malena tiene pena de bandoneón.

Malena singt den Tango wie keine andere
in jede Zeile legt sie ihr ganzes Herz
und Blütenduft der Vorstadt in ihrer Stimme.
Malena spürt den Kummer im Bandoneon.
<BWomöglich gab die Kindheit der Lerchenstimme
für immer jenes Timbre von Gassenklang
vielleicht auch jene Liebschaft, die sie nur zugibt
wenn sie vom Schnaps schwermütig wird.
Malena singt den Tango mit dunkler Stimme
Malena fühlt den Kummer im Bandoneon.

Dein Gesang
hat vom letzten Abschied die Kälte
und dein Lied
schmeckt ganz bitter vom Salz des Erinnerns.
Keine Ahnung
ob dein Klang eines Kummers Refrain ist.
Eines weiß ich: Im Gesang deiner Tangos, Malena
spür' ich dich besser
viel besser als mich.

Ganz dunkel im Vergessen sind deine Augen
die Lippen wie vom Groll gepreßt
zwei Tauben einsam fröstelnd gleichen deine Hände
und Blut des Bandoneons in deinen Adern.
Verlass'nen Kindern gleich sind deine Tangos
die hin und her den Schmutz der Gasse kreuzen
wenn alle Türen längst verschlossen sind
und in den Liedern nur Gespenster lamentieren.
Malena singt den Tango mit rauher Stimme
Malena fühlt den Kummer im Bandoneon.

MAQUILLAJE

No . . .
ni es cielo ni es azul
ni es cierto tu candor
ni al fin tu juventud.
Tú compras el carmín
y el pote de rubor
que tiembla en tus mejillas
y ojeras con verdín
para llenar de amor
tu máscara de arcilla.

Tú . . .
que tímida y fatal
te arreglas el dolor
después de sollozar.
Sabrás cómo te amé
un día al despertar
sin fé ni maquillaje
ya lista para el viaje
que desciende hasta
el color final.

Mentiras . . .
que son mentiras tu virtud
tu amor y tu bondad
y al fin tu
juventud.
Mentiras. . .
te maquillaste
el corazón
mentiras sin piedad.
Qué lástima de amor!

Nein
nicht Himmel und kein Blau
und weiße Unschuld nicht
und keine Jugend auch.
Dein Wangenrouge erkauft
in Dosen voller Scham
die im Gesicht dir kleben.
Lidschatten aus Smaragd
soll deiner Maske Ton
den Klang von Liebe geben.

Du
ganz ängstlich, ganz banal
zupfst nach dem Schluchzen dir
den Schmerz im Herz zurecht.
Denk', wie ich dich geliebt
am Tag, da du erwachst
endgültig abgeschminkt
und fertig für die Reise
die abwärts führt bis man
am Ende Farbe zeigt.

Lügen
deine Güte ist erlogen
deine Liebe, deine Tugend
und zum Schluß selbst
deine Jugend
alles Lügen
noch dein Herz
legt Schminke auf.
Grausame Lügen
einer armen Liebe!

MARIA

Acaso te llamaran solamente María
no sé si eras el eco de una vieja canción
pero hace mucho, mucho fuiste hondamente mía
sobre un paisaje triste desmayado de amor.
Un otoño te trajo, mojado de agonía
tu sombrerito pobre y el tapado marrón
eras como la calle de la melancholía
que lloviá . . . lovía sobre mi corazón.

María, en la sombra de mi pieza
es tu paso el que regresa
María, y es tu voz pequeña y triste
la del día que dijiste:
¡Ya no hay nada entre los dos!
María, la más mía, la lejana
si volviera otra mañana
por la calles del adiós.

Tus ojos eran puertos que guardaban ausentes
su horizonte de suenos y un silencio de flor
Pero tus manos buenas regresaban presentes
para curar mi fiebre desteñida de amor.
Un otoño te trajo . . . tu nombre era María
y nunca supe nada de tu rumbo infeliz.
Si eras como el paisaje de la melancholía
que llovía, llovía sobre la calle gris.

Vielleicht heißt du ganz einfach nur Maria
kamst wie das Echo aus einem alten Lied
aber vor langer Zeit hast du ganz mir gehört
vor einer ausgebleichten Landschaft ohne Liebe.
Ein Herbst, der bald im Regen starb, hat dich gebracht
ärmliche Kappe über braunem Mantel
so warst du wie der Trübsinn dieser Straße
als es regnete, regnete in mein Herz.

Maria, im Schatten meines Zimmers
kehrt dein Schritt zurück
Maria, deine Stimme klein und traurig
als sie diese Worte sagte:
Zwischen uns ist alles aus!
Maria, aus der Nähe dann die Fernste
käme doch ein neuer Morgen
auf den Straßen des *Adiós*!

Abwesend deine Augen waren sie wie Häfen
in deren Schatten Träume still vor Anker geh'n
doch deine Hände kehrten bald zurück zu mir
mild für mein Fieber, schon von Liebe ausgezehrt.
Ein Herbst hat dich gebracht, dein Name war Maria
wohin dein Weg dich führte, hab' ich nie gewußt
wohl in das Unglück einer tristen Landschaft
die ihren Regen über grauen Straßen ließ.

MI BUENOS AIRES QUERIDO

Mi Buenos Aires querido
cuando yo te vuelva a ver
no habrá más penas ni olvido.

El farolito de la calle en que nací
fue el centinela de mis promesas de amor.
Bajo su quieta lucecita yo la vi
a mi pebeta luminosa como un sol
Hoy que la suerte quiere que te vuelva a ver
ciudad porteña de mi único querer
y oigo la queja de un bandoneón
dentro del pecho pide rienda el corazón.

Mi Buenos Aires, tierra florida
donde mi vida terminaré.
Bajo tu amparo no hay desengaños
vuelan los años, se olvida el dolor.
En caravana los recuerdos pasan
con una estela dulce de emoción.
Quiero que sepas, que al evocarte
se van las penas del corazón.

La ventanita de mi calle de arrabal
donde sonríe una muchachita en flor.
Quiero de nuevo yo volver a contemplar
aquellos ojos que acarician al mirar.
En la cortada más maleva una canción
dice su ruego de coraje y de pasión
una promesa y un suspirar
borró una lágrima de pena aquel cantar.

Mi Buenos Aires querido
cuando yo te vuelva a ver
no habrá más penas ni olvido.

Mein Buenos Aires, mein liebes
wenn ich dich denn wiederseh'
hat aller Kummer ein Ende.

Wo ich geboren die Laterne dort am Straßenrand
stand Wache als der Liebesschwüre Unterpfand.
In ihrem stillen Licht hab' ich geseh'n
mein Mädchen wie die Sonne strahlen.
Heut' , wo mich das Geschick aufs Neue zu dir führt
zur Stadt am Hafen, meiner einz'gen Liebe
hör ich die Klage eines Bandoneons
läßt in der Brust mein Herz die Zügel schießen.

Mein Buenos Aires, blühende Erde
wo ich mein Leben beschließen will.
In deiner Obhut gibt's keine Enttäuschung
enteilen die Jahre, verliert sich der Schmerz.
Als Karawane ziehen die Erinnerungen
und hinterlassen manchen süßen Traum.
Drum sollst du wissen: An dich zu denken
vertreibt den Kummer aus meinem Herz.

Kleines Fenster meiner Vorstadtgasse
aus dem ein hübsches Mädel lacht:
Will mich noch ' mal in deinem Blick verlieren
das Streicheln jener Augen nochmals spüren.
Noch an der schlimmsten Ecke klingt ein Lied
mit seinem Vers voll Mut und Leidenschaft
eine Verheißung, ein Seufzerklang
und Leidensтränen trocknen im Gesang.

Mein Buenos Aires, mein liebes
wenn ich dich denn wiederseh'
hat aller Kummer ein Ende.

NARANJO EN FLOR

Era más blanda que el agua
que el agua blanda
era más fresca que el rio . . .
naranjo en flor.
Y en esta calle de estío
calle perdida
dejó un pedazo de vida
y se marchó

Primero hay que saber sufrir
después amar, después partir
y al fin andar sin pensamientos.
Perfume de naranjo en flor
promesas vanas de un amor
que ya escaparon con el viento.

Después – qué importa del después?
Toda mi vida es el ayer
que me detiene en el pasado.
Eterna y vieja juventud
que me ha dejado – acorbadado
como un pájaro sin luz.
...

Sie war weicher als Wasser
als das weiche Wasser
frischer noch als ein Fluß . . .
Orangenblüte.
Und im Sommer dieser Straße
verlorene Gasse
ließ sie ein Stückchen Leben
dann ging sie fort.

Vor allem aber mußt du leiden können
dann kommt die Liebe, dann der Abschied
an nichts mehr denken dann zum Schluß.
Nur ein Hauch von Orangenblüte
wie jene Schwüre einer Liebe – flüchtig
und längst vom Wind dahingetragen.

Danach – was ist mir ein Danach?
Ist doch mein Leben ganz ein Gestern
und an Vergangenes gefesselt.
Die Jugendzeit, ewig und alt zugleich
sie ließ mich voller Furcht zurück
verängstigt wie ein blinder Vogel.
...

NOSTALGIAS

Quiero emborrachar mi corazón
para apagar
un loco amor
que más que amor es un sufrir.
Y aquí vengo para eso
a borrar antiguos besos
en los besos de otra boca.
Si su amor fue flor de un día
¿por qué causa es siempre mia
esta cruel preocupación?
Quiero por los dos mi copa alzar
para olvidar mi obstinación
y más la vuelvo a recordar.

Nostalgias
de escuchar su risa loca
de sentir junto a mi boca
como un fuego su respiración.
Angustias
de sentirme abandonado
y pensar que otro a su lado
pronto, pronto le hablará de amor.
Hermano
yo no quiero rebajarme
ni pedirle, ni rogarle
ni decirle que no puedo más vivir.
Desde mi triste soledad veré caer
las rosas muertas de mi juventud.

Sei trunken, mein Herz
und lösch' sie aus
die irre Liebe
die lange schon ein Leiden ist.
Und hier finde ich mich ein
alte Küsse auszutilgen
in der Küsse neuem Feuer.
War ihre Liebe Eintagsblüte
warum nur bleibt für mich so lange
diese schlimme Einsamkeit?
Und ich trinke auf uns beide
einen Albtraum auszulöschen
der noch schlimmer wiederkehrt.

Sehnsucht
hast ihr irres Lachen noch im Ohr
und an deinem Mund wie Feuer
streift ihr Atem dein Gesicht.
Angst
denn du fühlst dich ganz verlassen
und ein and'rer ihr zur Seite
jetzt vielleicht von Liebe spricht.
Alter Freund
ich will die Knie nicht beugen
will nicht bitten und nicht klagen, ihr nicht sagen
daß ich nicht mehr leben kann.
Und in meine Einsamkeit fallen traurig
welke Rosen meiner Jugend.

Nostalgias (Fortsetzung)

Gíme, bandoneón, tu tango gris
quizás a ti te hiera igual
algun amor sentimental.
Llora mi alma de fantoche
sola y triste en esta noche
noche negra y sin estrellas.
Si las copas traen consuelo
aquí estoy con mi desvelo
para ahogarlo de una vez.
Quiero emborrachar al corazón
para después poder brindar
por los fracasos del amor.

Weine du, Bandoneon, deinen Tango grau!
Vielleicht berührt auch dich einmal
der Schmerz aus einer schlimmen Liebe.
Und mein Marionettenherz
weint heut' traurig und allein
in der schwarzen, sternenlosen Nacht.
Sollt' im Schnaps die Rettung liegen
trinke ich mit diesen Gläsern
meinen ganzen Kummer aus.
Denn heut' besauf ich mein Herz
und trink' mit Dir
auf das Scheitern der Liebe!

POR LA VUELTA

Afuera es noche y llueve tanto
ven a mi lado, me dijiste,
hoy tu palabra es como un manto,
un manto grato de amistad.
Tu copa es esta y la llenaste
bebamos juntos, viejo amigo
dijiste mientras levantaste
tu fina copa de champán.

La historia vuelve a repetirse
mi muñequita dulce y rubia
el mismo amor . . . la misma lluvia
el mismo, el mismo loco afán.
Te acuerdas? hace justo un año
nos separamos sin un llanto
ninguna escena, ningún daño
simplemente un adios
inteligente de los dos.

Después, quizás mordiendo un llanto
quedate siempre, me dijiste,
afuera es noche y llueve tanto
y comenzaste a llorar.
La historia vuelve a repetirse
mi muñequita, dulce y rubia
el mismo amor, la misma lluvia
y el mismo, mismo loco afán.

Es ist schon Nacht und draußen fällt der Regen
bleib mir zur Seite, sagtest du zu mir.
Heut' sind mir deine Worte wie ein Mantel
ein warmer Umhang voller Freundlichkeit.
Da ist dein Glas, du hast es mir gefüllt.
Komm, laß uns trinken, alter Kamerad!
du sprachst es, den Pokal erhoben
und drinnen schäumte fein der Sekt.

So wiederholt sich die Geschichte
mein kleines Mädchen, blond und zärtlich
Dieselbe Liebe und der gleiche Regen
und immer noch derselbe Wahn.
Weißt du noch, es ist jetzt genau ein Jahr
wir trennten uns ganz ohne Klagen
ganz ohne Weinen, ohne Schaden
und nur ganz einfach ein *Adios*
im Einvernehmen zwischen beiden.

Danach beißt dann vielleicht ein Schmerz
und bleibt für immer, sagtest du zu mir
draußen ist Nacht, es fällt der Regen
und Tränen rannen über dein Gesicht.
So wiederholt sich die Geschichte
mein kleines Mädchen, blond und zärtlich
Dieselbe Liebe und der gleiche Regen
und immer noch derselbe Wahn.

POR UNA CABEZA

Por una cabeza
de un noble potrillo
que justo en la raya
afloja al llegar
y que al regresar
parece decir:
No olvidés hermano,
vos sabés, no hay que jugar.
Por una cabeza
metejón de un día
de aquella coqueta
y risueña mujer
que al jurar sonriendo
el amor que está fingiendo
quema en una hoguera
todo mi querer.

Por una cabeza.
todas las locuras
Su boca que besa
borra la tristeza
calma la amargura
Por una cabeza
si ella me olvida
que importa perderme
mil veces la vida
¿para qué vivir?
...

Auf ein Pferd
aus edler Zucht
das um ein Haar
den Sieg verfehlt
und dir so
zu sagen scheint
wer hoch spielt
der bald verliert
auf ein Pferd
hast du gesetzt
wie auf jene
betörende Frau
die strahlend dir
von Liebe lügt
und so dein ganzes
Herz verbrennt.

Ich setze alles
und meinen Wahnsinn
ihr Mund, der dich küßt
betört deine Schwermut
zerstreut deinen Kummer.
Ich setze alles auf eine Karte.
Will sie mich vergessen
was ist mir das Leben
was kann ich verlieren
wozu bin ich da?
…

SER

Todas las cosas que soñé
poder una dia realizar
vivir
fueron muriendo sin nacer
y ya no es tiempo de esperar
no pudo ser.

Yo quise ser . . . ya ni sé
y no soy nada.
Ser quise . . . y soy
cielo gris, voz apagada.
Hoy voy a perderme
entre las cosas olvidadas
es morir dos veces
si de mí no queda nada
mañana.

Yo no pido más
quiero ser un buen recuerdo
alguna vez.

Alles, wovon ich einst geträumt
mir eines Tages zu erfüllen
leben
all das starb schon bevor es je das Licht der Welt erblickt
und Zeit zu warten bleibt nicht mehr:
Es hat nicht sollen sein.

Ich wollte…was weiß ich
heut' bin ich gar nichts.
Ich wollte sein… und bin
zu toter Stimme grauer Himmel.
Heut' will ich mich verlieren
in den längst vergess'nen Dingen.
Heißt es doch zweimal sterben
wenn von mir nichts bleiben sollte
morgen schon.

Mehr verlang' ich nicht:
Ich will nur, daß man eines Tages
gerne an mich denkt.

SIN PIEL

Ya sé, llegó la hora
de archivar el corazón
de hacer con la ilusión
que no me va servir
un lindo paquetito
con una cinta azul
guardarlo en el baúl
y no volverlo abrir.
Es hora de matar los sueños
es tiempo de inventar coraje
para iniciar el largo viaje
por un gris paisaje
sin amor.

Voy a aprender a llorar sin sufrir
sin detenerme a mirar una flor
a encallecer lentamente
como la gente
sin alma y sin voz.
Voy a entender que se puede vivir
al tic tac del reloj
como una máquina cruel
igual que un robot
sin piel.

Ich weiß, es ist schon Zeit
mein Herz zu archivieren
und aus der Hoffnung
die zu nichts mehr nütze ist
ein hübsches Päcklein jetzt zu schnüren
mit einer blauen Schleife drum
und abgelegt in einer Truhe
die so schnell keiner öffnen wird.
Es ist wohl Zeit, die Träume abzutöten
und neuen Mut sich auszudenken
um jetzt die lange Reise anzutreten
durch eine graue Landschaft
ohne Liebe.

Ich will jetzt lernen weinen ohne leiden
und ohne eine Blume anzuschau'n
will ich dann langsam meiner Wege geh'n
wie jene Leute um mich her
die keine Seele haben, keine Stimme
und will versteh'n, wie man
als Uhrwerk funktionieren kann
gefühllos der Maschine gleich
und wie ein Roboter
ganz ohne Haut.

SIN PIEL (Fortsetzung)

Después de haber sentido hasta el dolor
a los demás
de darme sin medir
de amar sin calcular
llegó la indiferencia metiéndose en mi piel
pacientemente cruel
matando mi verdad.
Saber que no me importa nada
de alguna vibración pasada
y caminar narcotisado
por un mundo helado
sin amor.

Bis in den Schmerz
hab' ich die anderen gespürt
ganz maßlos hingegeben
an eine Liebe ohne Rechnung.
Dann schlich mit grausamer Geduld
Gleichgültigkeit in meine Haut
und fraß die Wahrheit auf.
Und wissend, daß mir nichts bedeutet
was gestern mich erzittern ließ
will ich wie unter Drogen weiterschreiten
durch eine längst erstarrte Welt
ganz ohne Liebe.

SOLEDAD

Yo no quiero que nadie a mi me diga
que de tu dulce vida
vos ya me has arrancado.
Mi corazón una mentira pide
para esperar tu imposible llamado.
Yo no quiero qie nadie se imagine
como es de amarga y honda mi eterna soledad.
En mi larga noche el minutero muele
la pesadilla de su lento tic tac.

En la doliente sombra de mi cuarto al esperar
sus pasos que quizás no volverán.
A veces me parece que ellos detienen su andar
sin atreverse luego a entrar.
Pero no hay nadie y ella no viene,
es un fantasma que crea mi ilusión.
Y al desvanecerse va dejando su visión
cenizas en mi corazón.

...

Von niemand will ich sagen hören
daß du aus deinem holden Leben
mich schon hinausgewiesen hast.
Mein Herz verlangt nach einer Lüge
deinem unsagbaren Wort zu folgen.
Kein Mensch soll eine Ahnung haben
von meiner Bitternis und ew'gen Einsamkeit
und meine lange Nacht verstreicht am Stundenglas
langsam als Albtraum im Minutentakt.

Im Schatten meines Zimmers muß ich einsam harren
auf ihren Schritt, der vielleicht niemals wiederkehrt.
Bald scheint es mir, als halte sie im Gehen inne
und wagt es nicht und kommt doch nicht herein.
Doch ist da niemand, denn sie wird nicht kommen.
Allein das Trugbild meiner Wünsche, das
sobald es sich zersetzt
im Herzen Asche nur mir hinterläßt.
…

TANGO TRISTE

Me torturé sin ti
y entonces te busqué
por los caminos del recuerdo
y en el recodo más lejano
te agitabas por volver
y por librarte de ese infierno.
Y se arrastró hasta mí
tu vida sin amor
con su dolor y su silencio
y disfrazamos un pasado
que luchaba por querer volver

Y fuiste tú la que alegró mi soledad
quien transformó en locura
mi pasión y mi ternura
y en horror mis horas mansas
Tú, mi tango triste fuiste tú
y nadie existe mas que tú
en mi destino
y hoy te has hecho a un lado
en mi camino.
Y es muy tarde ya
para volver llorando atrás
y contener la angustia
que por mustia
duele mucho más.

Zermartert ohne dich
hab' ich dich bald gesucht
auf einem Weg der führt nach Gestern
zu jenem Winkel weit entfernt
wo du um deine Rückkehr strittst
aus dieser Hölle dich zu retten.
So drang es vor zu mir
dein Leben ohne Liebe
mit seinem Schmerz und voller Schweigen
als wir ein Gestern voreinander tarnten
das kämpfte um die Wiederkehr.

Du warst die Freude meiner Einsamkeit
durch dich hat Leidenschaft und Zärtlichkeit
in mir sich ganz vernarrt gefunden
zum Albtraum wurden meine trägen Stunden.
Du, trister Tango warst du mir
und keinen gibt es außer dir
auf meinen Schicksalswegen
heut' hast du einen Schritt getan
und stehst daneben.
Es ist schon spät, zu spät
erneut dem Gestern nachzuweinen
und eine Angst in Zaum zu halten
die schon ganz welk
noch um so stärker schmerzt.

Tango triste   (Fortsetzung)

Se degarró la luz
y emudeció mi voz
aquella tarde sin palabras.
al ver que tu alma estaba ausente
y a tu lado siempre yo
como una cosa abandonada.
Y se arrastró hasta ti
la sombra de otro amor
con otra voz que te llamaba
y me sumiste en un pasado
que luchaba por querer volver.

Das Licht verging
und meine Stimme starb
an jenem Abend ohne Worte
als ich dein Herz abwesend traf
und mich an deiner Seite fand
wie eine abgestellte Sache.
Da fiel ein Schatten über dich
aus einer ander'n Liebe
die dich mit and'rer Stimme rief
und mich in jenes Gestern stieß
das kämpfte um die Wiederkehr.

UNO

Uno busca lleno de esperanzas
el camino que los sueños
prometieron a sus ansias.
Sabe que la lucha es cruel
y es mucha pero lucha y se desangra
por la fé que lo empecina.
Uno va arrastrándose entre espinas
y en su afán de dar su amor
sufre y se desangra hasta entender
que uno se ha quedado sin corazón.
Precio de castigo que uno entrega
por un beso que no llega,
por un amor que lo engañó.
Vacio ya de amar y de llorar
tanta traición!

Si yo tuviera el corazón
el corazón que di
si yo pudiera como ayer
querer sin presentir.
Es posible que a tus ojos
que me gritan su cariño
los cerrara con mis besos
Sin pensar que eran como esos
otros ojos los perversos
los que hundieron mi vivir.
Si yo tuviera el corazón
el mismo que perdí.
Si olvidara a la que ayer
lo destrozó y pudiera amarte
me abrazaría a tu ilusión
para vivir tu amor.

Mancher sucht voll Hoffnung
das Ziel seiner Träume
die Erfüllung einer Sehnsucht.
Und er weiß: Der Weg ist steinig und ist lang
doch er kämpft und blutet aus
für den Glauben, der ihn treibt.
Mancher schleppt sich weiter über Dornen
und voll Eifer, sich zu geben
leidet er und blutet aus, bis er spürt
daß sein Herz auf der Strecke blieb.
Strafe des Schicksals, die mancher zahlt
für den Kuß, der nie kam
für eine Liebe, die ihn betrog.
Am Ende zu leer, noch zu lieben
und zu weinen vor Enttäuschung.

Hätt' ich doch einmal noch das Herz
das ich verloren hab'!
Könnt' ich noch einmal so wie gestern
ganz ohne Argwohn lieben!
Vielleicht deckt' ich dann deine Augen
die voller Liebe für mich strahlen
mit meinen Küssen zu.
Dächt' nicht weiter daß die deinen
jenen schlimmen Augen gleichen
die mein Leben ganz zerstört.
Hätt' ich doch einmal noch das Herz
das ich verloren hab'!
Vergäß' ich, die noch gestern
mein Herz zerstört und könnt' dich lieben
ich gäb' mich dieser Hoffnung hin
und weinte deiner Liebe nach.

UNO (Fortsetzung)

Pero Dios te trajo a mi destino
sin pensar que ya es muy tarde
y no sabré como quererte
Déjame que llore
como aquél que sufre en vida
la tortura de llorar su propia muerte.
Pura como sos habrías salvado
mi esperanza con tu amor.
Uno está tan solo en su dolor.
Uno está tan ciego en su penar.
Pero un frío cruel
que es peor que el odio
punto muerto de las almas
tumba horrenda de mi amor
maldijo para siempre y me robó
toda ilusión.

Daß es spät sei dich zu lieben
als er unsere Wege kreuzte
hat Gott daran nicht gedacht.
Wie ein Mann der schon im Leben
seinen Tod stirbt
laß mich weinen.
Meine Hoffnung hättest du
mit deiner Liebe neu geweckt.
Wir sind so einsam im Schmerz
und so blind im Leid.
Aber grausam eine Kälte
schlimmer noch als Haß
weil der Seele Endstation
und die Gruft der Liebe
hat mich verflucht und nahm auf immer
alle Träume fort.

VOLVER

Yo adivino el parpadeo
de las luces que a lo lejos
van marcando mi retorno.
Son las mismas que alumbraron
con sus pálidos reflejos
hondas horas de dolor.
Y uúnque no quise el regreso,
siempre se vuelve al primer amor.
La quieta calle donde el eco dijo
"Tuya es su vida, tuyo es su querer"
bajo el burlón mirar de las estrellas
que con indiferencia hoy me ven volver.

Volver
con la frente marchita
las nieves del tiempo
platearon mi sien.
Sentir
que es un soplo la vida,
que veinte años no es nada;
que febril la mirada,
errante en las sombras,
te busca y te nombra.
Vivir
con el alma aferrada
a un dulce recuerdo
que lloro otra vez.

Und schon ahn' ich das Flackern
der Lichter von damals
die weither mich grüßen.
Ich kenn' sie wieder
denn ihr bleicher Schein
sah schon oft meinen Schmerz.
Wollt' ich auch niemals zurück
holt uns doch immer die erste Liebe ein.
Da sprach das Echo in der stillen Gasse:
dein ist ihr Leben, heut' gehört sie dir
und spöttisch schauten jene Sterne
die gleichmütig heute meine Rückkehr seh'n.

Zurück
schon faltig die Stirn
und vom Schnee der Zeit
die Schläfen gebleicht.
Doch du spürst:
Das Leben – ein Hauch
zwanzig Jahre – ein Witz
denn im Schatten verborgen
ein flackernder Blick
der dich sucht und dich ruft.
Und dann leben
eine Sehnsucht im Herzen
die läßt mich
nicht los.

VOLVER (Fortsetzung)

Tengo miedo del encuentro
con el pasado que vuelve
a enfrentarse con mi vida.
Tengo miedo de las noches
que pobladas de recuerdos,
encadenan mi soñar.
Pero el viajero que huye,
tarde o temprano detiene su andar.
Y aunque el olvido que todo destruye
haya matado mi vieja ilusión,
guardo escondida una esperanza humilde
que es toda la fortuna
de mi corazón.

Ich hab' Angst vor dem Gestern
das heute wieder
den Weg mir verstellt
und nachts im Albtraum
bebe ich noch
vor Erinnerung.
Doch der Wanderer auf der Flucht
eines Tages hält er ein.
Ist auch im Vergessen das alles gleichmacht
mein altes Feuer längst schon gelöscht
bleibt mir versteckt tief im Herzen
noch eine kleine Hoffnung
und die ist mein ganzer Stolz.

VUELVO AL SUR

Vuelvo al sur
como se vuelve siempre al amor
vuelvo a vos
con mi deseo, con mi temor
Llevo el sur
como un destino del corazón
soy del sur
como los aires del bandoneón.
Sueño el sur
inmensa luna, cielo al reves
busco el sur
el tiempo abierto y su después.
Quiero el sur
su buena gente, su dignidad
siento el sur
como tu cuerpo en la intimidad.
Te quiero, sur.
Sur . . . te quiero.

Zurück nach Süden
holt uns doch immer die Liebe ein
zurück zu dir
mit meiner Sehnsucht und meiner Angst.
Den Süden trag' ich
als Schicksal in mir
wie Luft im Bandoneon
bin ich vom Süden.
Den Süden träum' ich
riesiger Mond, Himmel steht Kopf
ich such' den Süden
offen die Zeit und was danach.
Ich liebe den Süden
seine guten Leute, seine Menschlichkeit
den Süden spür' ich
wie deinen Körper ganz nah.
Ich liebe den Süden.
Süden . . . ich liebe dich.

Anhang

Historische Daten

1536 Gründung der Stadt Buenos Aires

1816 Argentinien erklärt die politische
Unabhängigkeit

um 1825 *Habanera* auf Cuba
Candombe in Uruguay
und Argentinien

um 1845 Heinrich Band (Krefeld)
entwickelt das Bandonion

um 1850 *Tango Andaluz* in Cádiz

um 1860 *Milonga* in Argentinien

ab 1869 Masseneinwanderung

um 1880
oder früher Entstehung des Tango Argentino
Bandoneon kommt nach Buenos
Aires

1895-1917 *Vieja Guardia*

ab 1907 Erste Tonaufnahmen in Paris

ab 1910 Tango-Welle in Paris

1917 Gardel zeichnet erstes Tango-
Chanson auf (*Mi noche triste*)
Erster Gardel-Film

Historische Daten

ab 1920 *Orquesta Típica* etabliert sich, *Nueva Guardia*
Tango-Welle in Berlin
Tango in Kolumbien, Finnland, Griechenland und Japan

1928 *Gesellschaft der Tangofreunde* in Tokio

1931 Erster Tango-Film mit Gardel (*Luces de Buenos Aires*)

1935 Gardel verunglückt in Medellín

40er Jahre »Goldenes« Tango-Jahrzehnt

ab 1955 Niedergang des Tango

ab 1980 *Tango Nuevo* – Renaissance in Europa und Buenos Aires

1982 *Horizonte-Festival* in Berlin

1987 Tango-Film *Sur*

1992 † Astor Piazzolla

1994 † Roberto Goyeneche

1995 † Osvaldo Pugliese

Tango-Stenogramm

Der Tango Argentino entsteht um 1880 aus zahlreichen kulturellen Wurzeln; dominierend sind afrikanische Rhythmen und ländliche Musiktraditionen des La Plata-Raumes. Seine Choreographie auf der Grundlage des Habanera-bzw. Milonga-Rhythmus wird von europäischen Einwanderern geprägt.

Im Milieu einer Zuwanderergesellschaft in Buenos Aires und Montevideo etabliert sich der Tango schnell als Ausdruck einer neuen sozialen Situation und symbolisiert den Übergang zur großstädtischen Identität. Schließlich wird er, nach einem Umweg über Paris, seit dem Ersten Weltkrieg auch von einheimischen Eliten akzeptiert und avanciert mit den zwanziger Jahren zum kulturellen Aushängeschild.

Prägend für das psychologische Profil des Tango ist die Mentalität europäischer Einwanderer, die in ihrer neuen Heimat über Jahrzehnte hinweg mit erheblichem sozialem Konkurrenzdruck und einem großen Frauenmangel konfrontiert sind.

Folge dieser Situation ist unter anderem die Verbreitung prostitutionsähnlicher Verhältnisse. Es ergibt sich eine im lateinamerikanischen Umkreis beispiellose psychologische Überlegenheit der Frau, die ihre Sexualität nicht selten als Mittel sozialer Emanzipation einsetzen kann.

Vorherrschende Themen der Tango-Chansons sind neben sozialer Anklage und Schilderung eines Halbwelt- und Delinquenten-Milieus in erster Linie: verlorene Heimat, gescheiterte Liebe und Protest gegen das Schicksal.

Tango-Stenogramm

Hauptdarsteller der Tango-Chansons ist ein depressiv ge-
prägter Mann, der sich von der Frau verlassen sieht und
seine Situation in zahlreichen Varianten erzählt.

Vorherrschendes Lebensgefühl ist Nostalgie in unterschiedlichen Spielarten. Die Gegenwartsempfindung des
Tango ist von Einsamkeit und Ausgrenzung bestimmt.

Eine historische Biographie des Tango-Protagonisten führt
von Entwurzelung und Identitätsverlust des Emigranten
zum gesellschaftlichen Überlebenskampf, vom sozialen Scheitern zur
Hoffnung auf Geborgenheit in der erotischen Beziehung und aus
Enttäuschung über das Scheitern der Liebe schließlich zu Vereinzelung, Zweifel am Sinn des Lebens und zu einer existentialistischen
Grundhaltung.

Der Tango avanciert zum Modetrend, wenn breitere
Schichten aufgrund sozialer Verhältnisse und einer am
eigenen Leibe erfahrenen Ausgrenzung für seine Mentalität empfänglich werden.

Die seismographische Wiedergabe menschlicher Empfindung zeigt das Tango-Chanson als *poetische* und *musikalische Psychoanalyse*. Eine schmerzliche Erfahrung, die zur Lebenshaltung wurde, ist hier als Kunstform verewigt.

In der Tango-Choreographie spiegelt sich die Psychologie seiner Texte. Der Tanz weist jedoch als Zweisamkeit
über die Inhalte der Chansons weit hinaus.

Literaturverzeichnis

Deutschsprachige Literatur (Auswahl)

Allebrand, Raimund: Dinge des Lebens. Eine Psychologie des Tango Argentino, Bonn 1995.

Allebrand, Raimund: Metaphysik des Abschieds. Zur Mentalität des Tango Argentino, in: Hispanorama 76 (1997) 43-49, gekürzt in: El Colibrí Nr.9 (1997) 22/23.

Aravena, Jorge: El Tango. Die Geschichte von Carlos Gardel, Berlin 1989.

Ballett International Nr. 11/97: Tanz aktuell (mit Tango-Schwerpunkt).

Birkenstock, Arne: Der argentinische Tango als Spiegel der europäischen Massenimmigration 1880-1930. Unv. Diplomarbeit, Unibersität Köln 1996.

Borges, Jorge Luis: Die Geschichte des Tango, in: Kabbala und Tango. Essays 1930-1932, Frankfurt a.M. 1991.

Collier, Simon et al: Tango. Mehr als nur ein Tanz, München 1995.

du. Die Zeitschrift der Kultur Nr. 11/97: Tango. Eine Art Sehnsucht (Zürich).

Dunkel, Maria: Bandonion und Konzertina. Ein Beitrag zur Darstellung des Instrumententyps>Berliner musikwissenschaftliche Arbeiten 30, München 1987.

Hanna, Gabriela: Así bailaban el tango, Berlin 1993.

Janke, Eberhard: Tango. Die Berührung, Gießen 1984.

Kremlicka, Raimund: Wo Therapie zum guten Ton gehört. Die Stadt der Psychoanalyse, in: ila Nr.177(1994) 42/43 (Bonn).

Künstlerhaus Bethanien (Hg): Melancholie der Vorstadt – Tango, Berlin 1982.

Matices. Zeitschrift zu Lateinamerika, Spanien und Portugal Nr. 13 (1997) mit Tango-Schwerpunkt (Köln).

Prager, Wilhelm: Das Krefelder Bandonion und seine Entwicklung, in: Die Heimat Nr.19 (1940) 115-118 (Krefeld).

Rappmann, Rainer/ Walter, Albrecht (Hg): Tango. Obsession-Passion. Ein Text- und Bilderbogen über das Wiederaufleben des Tango Argentino am Ende des 20. Jahrhunderts, Wangen 1997.

Reichardt, Dieter: Der argentinische Tango und seine Texte, in: Iberoamericana (1/1977) 3/17.

Reichardt, Dieter: Der Tango. Forschungsprobleme, in: Hispanorama 21 (1979) 78-83.

Reichardt, Dieter: Tango und Repression, in: Iberoamericana 1 (1982) 115-125.

Reichardt, Dieter: Geborgte Leidenschaft. Die Tango-Renaissance – ein Mißverständnis?, in: Westermann Monatshefte Nr.7 (1984) 34-42.

Reichardt, Dieter: Tango. Verweigerung und Trauer. Kontexte und Texte, Frankfurt a.M. 1984 (Original 1981).

Schreiner, Claus: Buenos Aires – Tango, in: (Ders.) Musica Latina. Musikfolklore zwischen Cuba und Feuerland, Frankfurt a.M. 1982.

Schüler, Gerrit: Tango. Zwischen Emanzipation und Erotik. Sozialpsychologische Aspekte im epochalen Vergleich, unv. Diplomarbeit Univ. Bremen 1994.

Schüler, Gerrit: Wesen und Werden des argentinischen Tango, in: Rappmann/Walter 115-145.

Tango-Info: Halbjahresschrift der *Tango-Werkstatt Regensburg* (Christiane Kröniger, Tannenstraße 10, D-93152 Undorf; http://www. tango-werkstatt.com).

Vogel, Hans: Argentinien – Uruguay – Paraguay, in: Handbuch der Geschichte Lateinamerikas Bd. 2, hrsg. v. W.L. Bernecker et al., Stuttgart 1992, 680-728.

Ein **Adressenverzeichnis der europäischen Tango-Szene** findet sich in *Matices 13/1997*, ferner in *du 11/97* sowie fortlaufend aktualisiert im *Tango-Info*. Zur Tango-Choreographie informiert das regelmäßig erscheinende *Boletín del Tango* (TARLO-Verlag, Wulfstr.11, 12165 Berlin, 030-7971759).

Spanischsprachige Literatur (Auswahl)

Astigueta, Fernando D.: Psicología del Tango. La mentalidad argentina en el Tango y sus modismos, in: Journal of inter-american Studies 1 (1965) 349-362.

Azzi, Maria S.: Antropología del Tango. Los protagonistas, Buenos Aires 1991.

Barcía, J.: Discepolín, Buenos Aires 1971.

Borges, Jorge Luis: Historia del Tango, in: Evaristo Carriego, Buenos Aires 1930.

Dos Santos, Estela: Mujeres en el tango, in: Primer Encuentro de estudios y debate sobre Carlos Gardel, Buenos Aires 1986.

Eichelbaum, Edmundo: Carlos Gardel, Buenos Aires 1985.

Ferrer, Horacio: El libro del Tango. Historias e imágenes, Buenos Aires 1971.

Frieiro Pombo, Mario: Goce analítico del Tango, Buenos Aires 1991.

Freiro Pombo, Mario: Manchas de Tiempo, fisuras del olvido. Buenos Aires 1991.

Frieiro Pombo, Mario: El tango mítico. Inconsciente colectivo e identidad, Buenos Aires 1992.

Gobello, José: Orígenes de las letras de Tango, in: La historia del Tango 1, Buenos Aires 1976

Gobello, José: Crónica general del Tango, Buenos Aires 1980.

Gobello, José: Conversando tangos, Buenos Aires 1982.

Gobello, José: Letras de Tangos. Seleccion 1897-1981, Buenos Aires 1995.

Gobello, José: Nuevo Diccionario Lunfardo, Buenos Aires 1990.

Gobello, José: Tangos, letras y letristas Bd. 1-5, Buenos Aires 1990-93.

La Historia de Tango (19 Bde.), Buenos Aires 1976-87.

Hurtado, Gustavo: Tangoanálisis, Buenos Aires 1994.

Mafud, José: La Sociología del Tango, Buenos Aires 1966.

Menéndez, Marta Susana: Obreras o perdidas? Percepciones sobre género y trabajo en Buenos Aires 1900-130, Dissertation Univ. Leiden 1995.

Menéndez, Marta Susana: En búsqueda de las mujeres. Percepciones sobre género, trabajo y sexualidad en Buenos Aires 1900-30. Amsterdam 1997.

Milkewitz, Harry: Psicología del Tango, Montevideo 1964.

Puertas Crus, Roberto: Psicopatología del Tango, Buenos Aires 1959.

Romano, Eduardo: Las letras del tango. Antología cronológica 1900-1980, Buenos Aires o.J.

Rossler: Protagonistas del tango. Historia de 26 caracteres, Buenos Aires 1975.

Sábato, Ernesto: El Tango. Discusión y clave, 2a. ed. Buenos Aires 1997.

Sebreli, Juan José: Buenos Aires. Vida cotidiana y alienación, Buenos Aires 1964.

Tania u. Cosello, Jorge M.: Discepolín y yo, Buenos Aires 1973.

Ulla, Noemí: Tango, rebelión y nostalgia, Buenos Aires 1967.

Vidart, Daniel: Teoría del tango, Montevideo 1964.

Vidart, Daniel: El tango y su mundo, Montevideo 1967.

Vilariño, Idea: Las letras del tango. La forma, temas y motivos, Buenos Aires 1965.

Zubillaga, Carlos: Carlos Gardel. Prólogo de Jorge Luis Borges, Madrid 1976.

Internet

Da jede Internet-Suchmaschine auf das Stichwort »Tango« viele Antworten liefert, beschränken wir uns hier auf zwei (deutschsprachige) Internet-Adressen, die laufend aktualisiert werden und gute und aktuelle Links bieten:

www.informatik.uni-frankfurt.de/~garrit/tango/tango.html

www.tango.ch

Discographie für Einsteiger

(Auswahl)

Der Nachweis einer umfassenden Tango-Discographie müßte den Rahmen dieser Publikation sprengen. Die folgende Auswahl unter zahlreichen Einspielungen entspricht in etwa dem thematischen Umkreis des vorliegendes Buches.

Carlos Gardel

Das Gesamtwerk Gardels wurde vom Label El Bandoneón (EB) auf insgesamt 21 CDs ediert (Su obra integral). Der in Barcelona ansässige Musikverlag hat mit seinem Programm von mehr als 100 CDs ein breites Spektrum historischer Aufnahmen aus beinahe allen Tango-Epochen herausgebracht.

Zu Gardel ferner u.a. folgende Anthologien:

Los exitos de sus películas (Capitol / EMI)

Las 60 mejores canciones (BMCD 99909)

Selection (DCD 794-96)

Gesangsinterpreten/innen

Hugo del Carril: Alma de Tango (AN015250)

Charlo: Nostalgias (EB 77)

Ignacio Corsini: El caballero cantor (EB 37)

Jorge Falcón: Mis mejores 30 tangos (SN 484603)

Argentino Ledesma: Exitos (MF 000009)

Julio Sosa: El varón del tango (EB 56)

Edmundo Rivero: Cantor de mi pueblo (MH 10043-2)

Jorge Valdez: Grandes Exitos (MT 088005)

Amelita Baltar: Balada para un loco (MH 010086)

Eladia Blázquez: (DB 051339)

María Graña: 16 grandes exitos (SN 470132)

Libertad Lamarque: la reina del tango (EB 32)

Azucena Maizani: La ñata gaucha (EB 27)

Valeria Munarriz: Tango (Messidor)

Adriana Varela: Maquillaje (MEL 5047)

Orchester und Ensembles

Alfredo de Angelis: Adiós Marinero (EB 35)
Francisco Canaro: 20 grandes exitos (EM 097878)
Julio de Caro: Todo corazón (EB 83)
Juan D'Arienzo: El rey del compás (EB 43)
Carlos Di Sarli: El rey del tango (EB 38)
Leopoldo Federico: Saludos (EB 60)
Roberto Firpo: Alma de bohemio (EB 75)
Osvaldo Fresedo: El pibe (EB 49)
Horacio Salgán: Con sabor a tango (PG 531996)
Instrumental tangos of the golden age (HQ 45)

Aníbal Troìlo

El inmortal Pichuco (EB1)
Quejas de bandoneón (MH 10016-2)
Aníbal Troilo y su orquesta típica (CDL 3001)

Astor Piazzolla

Tangamente 1-3 (JM 049789)
Tanguedia de amor (CH 398)
Tangos from Argentina 1-2 (RCA)
Sur (CH 358)

Tango Nuevo/Bandoneón

Luís Di Mateo: Tango (JR 004116)
Nestor Marconi: Un bandoneón de Buenos Aires (CH 562)
Alfredo Marcucci: Tango anthology (CCS 5393)
Juan José Mosalini: Che bandonéon (LBLC 2502)

DER TIP

Roberto Goyeneche

Tangos del sur (CH 516)
La máxima expresión del tango (ANS 15207-2)

Susana Rinaldi

Milonguita (CJ 00726)
S.Rinaldi (PT 006003)

⊚ Osvaldo Pugliese
Osvaldo Pugliese y su orquesta típica (EB 71)
A los amigos (EMI 8374072)
Colección (EMI 7966242)

⊚ Sexteto Mayor
Quejas de bandoneón (Network 52.988 STE)
Trottoirs de Buenos Aires (Network 58.246 STE)

⊚ Sexteto Canyengue
Por el tango (LC 831)

⊚ Diverse
La Cumparsita 20 veces inmortal (BVCP 8722)
Homenaje a los poetas del tango:
Cadícamo (EB 74)
Discépolo (EB 76)
Flores (EB 73)
Manzi (EB 78)
Tango-Ladies (EB 93)
Tangomanía: tristeza y pasión (EMI 4784002)
Evitas Tango (MILAN 44793-2)
Tango Passion (DC 870212)

Pressungen in Europa wenig bekannter argentinischer Interpreten sind in Deutschland nur schwer erhältlich. Folgende Versandhandlungen erstellen regelmäßig Verzeichnisse lieferbarer Tango-CDs:

Canzone, Savignypassage, 10623 Berlin, Tel. 030-3131578.

Danza y Movimiento, Postfach 306114,
20327 Hamburg, Tel. 040-340328.

All Tango Catalog (http: / /members.aol.com/
tango4you/alltango/catalog.htm/)

Tangoplaza (http://www.tangoplaza.com/)

Der Autor

Raimund Allebrand, Journalist. Studien der Philosophie, Katholischen Theologie und Psychologie. Berufliche Tätigkeiten in Erwachsenenbildung und Hochschule; ab 1982 längerer Forschungsaufenthalt in Granada / Andalusien, dort Begegnungen mit dem Tango Argentino; berufliche Arbeit in der interkulturellen Erwachsenenbildung und Redaktionsvolontariat, Tätigkeiten als Hörfunkredakteur und Reiseveranstalter; Geschäftsführer der *AFIB – Arbeitsgemeinschaft für interkulturelle Begegnung e.V.* in Bonn sowie freier Journalist für Rundfunk, Presse und Erwachsenenbildung; zahlreiche Aufenthalte in Spanien und Lateinamerika, Publikationen zu Geschichte, Kultur und Politik im spanischen Sprachraum, u.a. im Horlemann-Verlag: *Die Erben der Maya. Indianischer Aufbruch in Guatemala*, Bad Honnef 1997.

Vom selben Autor:

190 S., br.
ISBN 3-89502-063-X

Ethnische Spannungen zeigen in jüngster Zeit weltweit erneut ihre Sprengkraft. Wie kaum anderswo zeigen sich die Spätfolgen der europäischen Conquista heute in Guatemala. Die offizielle Nationalkultur im »Land des ewigen Frühlings« hat das historische Erbe einer mehrtausendjährigen Maya-Tradition reduziert auf farbenträchtige Folklore im Dienste des Fremdenverkehrs.

In diesem Buch, das weit über Tagesaktualität hinausgeht, zeichnet der Ethnologe und Altamerikanist Nicolai Grube ein neues Bild von Geschichte und Kultur der Mayas auf Grundlage der neuesten Forschungen; Raimund Allebrand analysiert den politischen Aufbruch der indigenen Bevölkerung im heutigen Guatemala, und der Maya Cojtí fordert Gehör für sein Volk. Ergänzt werden die Darstellungen durch Grafiken, Tabellen, eine Zeittafel und ein umfangreiches Literaturverzeichnis.

Mehr Informationen über Argentinien:

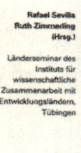

412 Seiten, br.
ISBN 3-89502-071-0

Argentinien – Land der »unbegrenzten Ressourcen«, das zur Heimat so vieler Emigranten vorwiegend südeuropäischer Herkunft wurde – kann einerseits auf eine für ein Land der südlichen Hemisphäre ußergewöhnliche Vergangenheit zurückblicken, auf eine wechselvolle Geschichte, die zum Teil von Wohlstand und von intellektuellen Großleistungen geprägt war. Andererseits befindet sich das Land heute nach der schmerzvollen Erfahrung der Militärdiktatur und nach der Wiedereinführung der Demokratie vor neuartigen gesellschaftlichen, politischen und wirtschaftlichen Herausforderungen, die ein Überdenken überkommener Strukturen erforderlich machen, um seine Zukunft in einer zunehmend globalisierten Welt zu gestalten. Namhafte argentinische und deutsche Autorinnen und Autoren diskutieren in diesem Band die wesentlichen Elemente des heutigen intellektuellen, sozialen, politischen und wirtschaftlichen Lebens in Argentinien vor dem Hintergrund seiner Kultur.

Bitte fordern Sie unser aktuelles Gesamtverzeichnis an:

Horlemann Verlag • Postfach 1307 • 53583 Bad Honnef
Telefax 0 22 24 / 54 29 • e-mail: horlemann@aol.com
www.mediacomapny.com/horlemann

HORLEMANN